Torben Kroker
Karl-Heinz Schulz
mit Leo G. Linder

5.000 KM FREUNDSCHAFT

Der Roadtrip
unseres Lebens

Besuchen Sie uns im Internet:
www.knaur.de

Aus Verantwortung für die Umwelt hat sich die Verlagsgruppe Droemer Knaur zu einer nachhaltigen Buchproduktion verpflichtet. Der bewusste Umgang mit unseren Ressourcen, der Schutz unseres Klimas und der Natur gehören zu unseren obersten Unternehmenszielen. Gemeinsam mit unseren Partnern und Lieferanten setzen wir uns für eine klimaneutrale Buchproduktion ein, die den Erwerb von Klimazertifikaten zur Kompensation des CO_2-Ausstoßes einschließt. Weitere Informationen finden Sie unter: www.klimaneutralerverlag.de

Originalausgabe Dezember 2021
Knaur HC
© 2021 Knaur Verlag
Ein Imprint der Verlagsgruppe
Droemer Knaur GmbH & Co. KG, München
Alle Rechte vorbehalten. Das Werk darf – auch teilweise –
nur mit Genehmigung des Verlags wiedergegeben werden.
Redaktion: Claudia Schlottmann
Covergestaltung: atelier-sanna.com, München
Coverabbildung: Kai Kapitän
Satz: Adobe InDesign im Verlag
Druck und Bindung: CPI books GmbH, Leck
ISBN 978-3-426-28600-5

2   4   5   3   1

INHALT

1. WIE ALLES ANFING	7
Wir staunen, immer noch	9
Der Rasen in Nachbars Garten	12
Carlos und ich kommen uns näher	17
Carlos erinnert sich (I)	20
Ausflug nach Düsseldorf	21
Carlos erinnert sich (II)	26
Carlos und ich erobern die Straße	29
Elführken mit Carlos und Elisabeth	34
Carlos erinnert sich (III)	37
Elisabeth II.	42
Carlos erinnert sich (IV)	47
Böse Überraschung	48
Carlos und die Schlacht im Hürtgenwald	52
Carlos erinnert sich (V)	56
Soll ich meinen Lebensplan über den Haufen werfen?	59
Carlos erinnert sich (VI)	63
Ein zweiter Mercedes muss her	65
Ein Mensch mit eisernen Grundsätzen	69
Carlos erinnert sich (VII)	75
Elisabeth stirbt	77
Carlos erinnert sich (VIII)	82
Das Geschenk	85
Keine leichte Geburt	90
Carlos erinnert sich (IX)	94
Wo, um Himmels willen, liegt Lorobotero?	96
Der Unfall	101
Otto? Otto!	105

| Die letzte Nacht in meinem Bett | 109 |
| Carlos erinnert sich (X) | 111 |

2. DIE REISE 115

Donnerstag, 23. Juli: Emmerich – Versailles	117
Freitag, 24. Juli: Versailles – Nantes	122
Samstag, 25. Juli: Nantes – Bordeaux	127
Sonntag, 26. Juli: Bordeaux – Eibar	132
Montag, 27. Juli: Eibar	138
Dienstag, 28. Juli: Eibar – San Sebastián	143
Mittwoch, 29. Juli: San Sebastián	147
Donnerstag, 30. Juli: San Sebastián – Toulouse	149
Freitag, 31. Juli: Toulouse – La Grande-Motte	153
Samstag, 1. August: La Grande-Motte – Marseille	155
Sonntag, 2. August: Marseille – Monaco	157
Montag, 3. August: Monaco – Mailand	159
Dienstag, 4. August: Mailand – Bregenz	163
Mittwoch, 5. August: Bregenz	166
Donnerstag, 6. August: Bregenz – Stuttgart	169
Freitag, 7. August: Stuttgart	171
Samstag, 8. August: Stuttgart – Göttingen	173
Sonntag, 9. August: Göttingen – Hamburg	174
Montag, 10. August: Hamburg	176
Dienstag, 11. August: Hamburg – Bremen	178
Mittwoch, 12. August: Bremen – Köln	180
Donnerstag, 13. August: Köln – Emmerich	182

NACHLESE 185

DANKSAGUNG 191

1. WIE ALLES ANFING

WIR STAUNEN, IMMER NOCH

Ich hätte niemals gedacht, dass diese Geschichte erzählt werden würde. Nicht in dieser Form, meine ich, also von Anfang an und dann, sobald wir uns auf die Reise gemacht haben, sogar Tag für Tag. Natürlich ist mir diese Fahrt ins Ungewisse selbst ziemlich außergewöhnlich vorgekommen. Natürlich habe ich mich mehr als einmal gefragt, worauf ich mich da einlasse. Natürlich sind mir unterwegs auch die fragenden Blicke aufgefallen: Der eine sehr jung, der andere steinalt, wie passt das zusammen? Trotzdem. Dass unsere Geschichte so viel Aufsehen erregen würde … Nein, hätte ich nicht gedacht.

Carlos hält den ganzen Wirbel sowieso für übertrieben, die Interviews, die Talkshow-Auftritte und jetzt auch noch ein Buch … Für ihn war unsere Reise nur eine gemütliche Spazierfahrt, ein verlängerter Sonntagsausflug, kein Grund zur Aufregung. Na ja, er saß auch nicht am Steuer. Ich habe ihn auch gern in dem Glauben gelassen, dass wir die ganze Zeit auf gut Glück herumgefahren sind, dass sich unterwegs alles mehr oder weniger von selbst ergeben hat, dass wir schlicht nach Lust und Laune durch halb Europa gekreuzt sind. Dass ich dem Zufall kräftig nachgeholfen habe, bleibt unter uns. Carlos würde am liebsten alles einfach auf sich zukommen lassen. Er liebt es spontan; um Himmels willen, bloß nichts im Voraus planen! Dass ihn sein Glück nach dreiundneunzig Jahren doch mal verlassen könnte, käme ihm nie in den Sinn.

Als Abenteurer will er trotzdem nicht gelten. Als Held schon gar nicht. Aber stolz war er doch, als ich ihm am Morgen vor unserem Aufbruch von Eibar nach San Sebastián den ersten Zeitungsartikel über uns und unsere Reise vorlas. Stolz und gerührt, sogar zu Tränen gerührt war er da. Dass man am Ende seines Lebens noch einmal Notiz von ihm nehmen und über ihn schreiben würde, damit hatte er nicht gerechnet, das ging ihm wirklich unter die Haut. Vermutlich beschlich ihn in diesem Moment auch das Gefühl, unsere Reise könnte doch etwas mehr als eine »ganz gewöhnliche Spazierfahrt« sein.

Aber Carlos neigt nicht zu überschwänglichen Gefühlen. Und heute, zahllose Zeitungsartikel und einige Fernsehauftritte später, gefällt ihm vor allem die Vorstellung, mir, dem verwöhnten und behüteten Bürschchen von nebenan, etwas Außergewöhnliches geboten zu haben: »Ich hab dir alles gezeigt. Ohne mich hättest du diese Reise nie gemacht.« Und das stimmt. Die Reise und alles, was sich daraus ergeben hat, verdanke ich ihm. Er hat die Initiative ergriffen. Er hat sich die Tour in den Kopf gesetzt und mich zu seinem Begleiter ausersehen. Und er hat sich überhaupt nicht davon beirren lassen, dass ich zunächst keineswegs in Jubel ausgebrochen bin bei der Vorstellung, mit einem Menschen auf Reisen zu gehen, der mein Urgroßvater sein könnte. Denn schließlich ist es doch ein Unterschied, ob ich ihm den Rasen mähe, für ihn einkaufe und mir hinterher seine Geschichten anhöre – oder ob wir gemeinsam ein paar Tausend Kilometer durch Europa tingeln.

Nun, am Ende ist es genau so gekommen. Und jetzt, wo ich darangehe, unsere Geschichte zu erzählen, bin ich froh, auf Notizen, Tagebucheinträge und kurze Videos zurückgreifen zu können, Momentaufnahmen von unserer Reise auf meinem Handy. Auf Carlos' Gedächtnis ist leider kein Verlass mehr. Das heißt, er erinnert sich mit bewundernswerter Genauigkeit an alles, was in seiner Kindheit und Jugend, während des Kriegs, später in der Gefangenschaft und dann nach seiner Flucht nach Spanien passiert ist, genauso wie man von ihm nach wie vor alles über seine Zeit als Autohändler in Düsseldorf erfahren kann – aber was gestern oder vor einer Woche, vor einem Jahr passiert ist, das verblasst dagegen. Es ist, als wäre sein Gedächtnisspeicher randvoll, als würde nun wirklich nichts mehr hineinpassen, und wohl deshalb hinterlassen Ereignisse neueren Datums kaum noch Spuren bei ihm, während ihm das weit Zurückliegende völlig präsent ist.

Carlos überlässt es deswegen mir, die Geschichte unserer Freundschaft zu erzählen; ich wiederum überlasse es ihm, an seine dramatischen Kriegs- und Nachkriegserlebnisse zu erinnern, die unserer Reise zugrunde liegen, denn schließlich: Es war eine Reise in seine Vergangenheit. Und dieser Vergangenheit konnte ich mich zu keiner Zeit entziehen. Sie hat mich vom Anfang unserer Bekanntschaft an begleitet, und sie ist unterwegs für mich tatsächlich lebendig und greifbar geworden, in Frankreich und vor allem in Spanien, wo sein Leben die verrücktesten Wendungen genommen hatte. Damals, als er in meinem Alter war …

Doch der Reihe nach. Zwischen Carlos und mir liegen dreiundsiebzig Lebensjahre. Zwei wie wir verreisen schon deshalb normalerweise nicht gemeinsam, weil sie sich erst gar nicht kennenlernen. Auch in unserem Fall hätte das nie geklappt, hätte ich nicht irgendwann angefangen, von einem Motorroller zu träumen.

2016

DER RASEN IN NACHBARS GARTEN

Mit dreizehn Jahren geht es los. Ich habe das Alter erreicht, in dem man anspruchsvoll wird, in dem man sich was leisten möchte. Ich zum Beispiel will mir den Luxus eines Motorrollers gönnen, sobald ich einen fahren darf, mit fünfzehn wäre das, in anderthalb Jahren also. Von Carlos ist noch keine Rede, obwohl ich vom Fenster meines Kinderzimmers aus durch ein paar Bäume hindurch in seinen Garten sehen kann. Trotzdem hängt das eine mit dem anderen zusammen; man wird gleich sehen, wie.

Motorroller sind nicht ganz billig, und meine Eltern weigern sich, mir einen zu schenken. Das wäre das Einfachste, aber am Mittagstisch heißt es:»Schau mal nach rechts, da sitzt dein jüngerer Bruder, wenn der demnächst auch ankommt und einen Roller haben will, brauchen wir einen Goldesel.« Was jetzt? Selbst wenn sie mir was dazuschießen sollten – und sie werden mir was dazuschießen –, muss ich zusehen, wie ich legal an größere Summen komme. Mein Taschengeld hält mit meinen Wünschen jedenfalls nicht Schritt. Ich brauche Einnahmen. Regelmäßige Einnahmen.

Vielleicht Rasenmähen? In unserem Viertel haben sie alle Rasen, das ist eine Siedlung aus den Sechziger-, Siebzigerjahren am Stadtrand von Emmerich, da ist genug Platz für Rasen und Beete zwischen den Häusern. All diese schönen Grünflächen müssen gepflegt und von Zeit zu Zeit auch gemäht werden – und welcher Gartenbesitzer freut sich schon aufs Rasenmähen? Einen Versuch ist es wert; also kritzele ich den schlichten Satz »Ich biete mich an, Ihren Rasen zu mähen« auf zwei Zettel und werfe sie bei den Nachbarn in die Briefkästen.

Bingo! Trefferquote hundert Prozent! Beide rufen am selben Abend noch an – der eine ist berufstätig und hat für seinen Garten keine Zeit, der andere findet Rasenmähen langweilig. Prima, ich lege los. Am Wochenende ziehe ich mit dem Rasenmäher Schneisen durchs Gras, verwandele Wiesen innerhalb von zwei Stunden in gleichmäßig grüne Flächen zurück, und bald kommt ein Garten zum anderen. Eine Nachbarin betreibt Mundpropaganda für mich, sodass mir das Rasenmähen schon fast über den Kopf wächst; ich bin ja eigentlich noch Schüler.

Das ist typisch für mich. Dauernd nehme ich mir zu viel vor. Auf jeden Fall mehr, als in einen Tag mit vierundzwanzig Stunden hineinpasst. Ab und zu versuchen meine Eltern, mich zu bremsen, aber zwecklos – ich bin so, ich muss immer auf mehreren Hochzeiten gleichzeitig tanzen. Außerdem habe ich offenbar eine echte Marktlücke entdeckt. Richtige Gärtner sind ein kostspieliges Vergnügen; von daher freue ich mich, dass manche ältere Dame, um deren Garten ich mich kümmere, mir freiwillig fünfzehn Euro pro Stunde zahlt statt der verlangten zehn. In der Schule finden sie, nebenbei bemerkt, meinen Arbeitseifer etwas übertrieben: »Du mit deinem Rasenmähen!« Ich wiederum belächele meine Mitschüler, die stattdessen bei Wind und Wetter Zeitungen austragen und dafür gerade mal siebzig Euro im Monat kassieren – so viel verdiene ich an einem einzigen Samstag, obendrein bei schönem Wetter! (Nicht einmal ich mähe, wenn's regnet.)

Jedenfalls – mit fünfzehn bin ich stolzer Besitzer eines Motorrollers. Das ist großartig, aber als ich das Geld dafür überweise, erlebe ich eine böse Überraschung: Auf meinem Kontoauszug ist die Eins verschwunden, an der ich so gehangen habe, nämlich die Eins vor den dreihundert Euro, die jetzt noch übrig sind. Kurzfristig bin ich deprimiert, sage mir aber dann: Okay, du hast dir in relativ kurzer Zeit durch Sparen von Taschen- und Weihnachtsgeld und durch Rasenmähen diesen Roller leisten können, also hau weiter rein – dann kommt schnell wieder ordentlich was zusammen.

Ich mache weiter. Ich bin gefragt. Und abgesehen davon, dass diese Tätigkeit lukrativ ist, finde ich das Ergebnis meiner Arbeit auch einfach schön. Mit sechzehn fühle ich mich als ungekrönter König eines Gartenreichs von beträchtlicher Ausdehnung, und niemand macht mir diesen Titel streitig. Da klingelt bei uns das Telefon. Es ist der 6. Mai 2016, ein Freitagmittag, ich weiß es genau. Meine Mutter nimmt den Anruf entgegen, ruft mich und sagt: »Die Helga will dich sprechen.«

Die Helga? Was will denn die? Bisher haben wir uns auf der Straße nur im Vorbeigehen kurz gegrüßt …

Natürlich geht es wieder ums Rasenmähen. Sie arbeite ehrenamtlich bei der Caritas, sagt Helga, sie liefere mittags das Essen aus und komme jetzt gerade von einem Herrn Schulz, der gleich bei uns um die Ecke wohne. »Mir scheint, der braucht deine Hilfe. Sein Garten sieht vielleicht aus … Torben, geh doch mal hin. Da gibt's sicher was für dich zu tun …«

Schulz. Schulz … Nie gehört. Aber mir schwant etwas. Ist das am Ende der alte Mann mit dem Stock und dem grimmigen Gesicht? Dieser Griesgram, den ich beim Rasenmähen in anderen Gärten schon das eine oder andere Mal vor seiner Tür habe stehen sehen? Der Typ mit dem total verwilderten Grundstück und dem Gespensterhaus, das zur Straße hin dieses komische Schaufenster hat, vollgepfropft mit verstaub-

ten, halb toten Kakteen und vorsintflutlichem Gerümpel?
Dieser knurrige Opa, der bis vor wenigen Jahren in seinem
uralten Mazda 929 mit Düsseldorfer Kennzeichen durch unsere Straße fuhr? Getroffen haben wir uns nie, und dabei soll
es auch bleiben, denn dieser Mensch ist mir nicht geheuer.
Schon als ich noch klein war, habe ich mit meinem Gokart
über jedes Grundstück in der Nachbarschaft einen Schlenker
gemacht, nur nicht über seins.

Trotzdem schwinge ich mich jetzt aufs Rad: »Ich bin mal
eben bei Herrn Schulz!« Wer weiß, vielleicht täusche ich mich
ja, und er ist es gar nicht.

Helga hat mir die Adresse gegeben. Unsere Straße mündet
in seine, und als ich einbiege, mache ich einen bezeichnenden
Fehler: Statt nach rechts fahre ich links ab. Aber auf diesem
Teil der Straße werden die Hausnummern immer größer, also
wende ich, also fahre ich zurück und bete, dass es nicht das
Haus des mürrischen Alten sein möge. Aber natürlich, genau
das ist es. So von Nahem betrachtet, verliert es allerdings etwas von seinem Schrecken, da wirkt es plötzlich fast wie ein
normales, weiß getünchtes Einfamilienhaus aus den Fünfzi-
gerjahren, schmucklos bis auf die große Fensterfront zur
Straße.

Also?

Ich reiße mich zusammen und klingele. Aber was hat der
Mann nur alles in seinem Wintergarten herumstehen! Hinter
der Fensterfront gleich neben der Haustür wimmelt es buch-
stäblich von Kakteen, knollenförmigen und schlangenarti-
gen, unkontrolliert wuchernden Kakteen, ein botanischer
Albtraum, dazwischen Kitschfigürchen, undefinierbare Mö-
belstücke, in der Ecke eine Schreibmaschine auf einem alter-
tümlichen Schreibtisch, an der Rückwand Bilder und Fotos.
Was stellt dieses Durcheinander eigentlich dar? Tut sich hier

des Nachts was? Kriecht und flattert es dann? Dekorativ kann
das Ganze doch unmöglich gemeint sein …

Da geht die Tür auf. Herr Schulz steht vor mir. Er hat mich
erwartet, er weiß, wer ich bin, ich brauche mich gar nicht vorzustellen, im Handumdrehen lande ich in seinem Wohnzimmer, und jetzt sitzen wir uns gegenüber, er im Sessel, ich auf
dem Sofa, in einem Raum, genauso vollgestopft wie sein
Wintergarten, aber nicht mit Kakteen, sondern mit größten-
teils düsteren Möbeln aus allen Jahrhunderten. Nein, das ist
übertrieben. Aber mir kommt es in diesem Augenblick so
vor, denn hier ist alles alt, der wuchtige Schreibtisch und die
gedrechselte Schrankwand und der Fernseher und die Stiche
und Fotos an den Wänden und nicht zuletzt eben dieser Herr
Schulz selbst, der mal ein ziemlich stattlicher Kerl gewesen
sein muss und immer noch ganz imposant wirkt. Wie alt mag
er sein? Über achtzig auf jeden Fall. Vielleicht schon neunzig?

Von wegen »Ich bin mal eben bei Herrn Schulz« … Zwei
Stunden später sitze ich immer noch da. Inzwischen hat meine Mutter mehrmals angerufen, aber da ich mir erlaubt habe,
das Handy zu Hause zu lassen, weiß ich davon nichts. Als wir
uns schließlich verabschieden, habe ich das Gefühl, seine
komplette Lebensgeschichte zu kennen. In Wirklichkeit habe
ich nur einen Bruchteil zu hören bekommen, aber wer soll
das ahnen. Schon im Gehen, kommt die Sprache tatsächlich
noch aufs Rasenmähen.

»Wir treffen uns dann morgen«, befindet er kurz und bün-
dig.

»Gut. Wann soll ich da sein?«

»Ist mir egal.«

Typisch Carlos. Aber auch das weiß ich natürlich noch
nicht.

CARLOS UND ICH KOMMEN UNS NÄHER

Auf seinem Klingelschild steht Karl-Heinz Schulz, der deutscheste Name der Welt. Aber der Mensch, der einem dann öffnet, heißt Carlos – ohne irgendwelche Zusätze. Ich habe keine Ahnung, was es mit diesem spanischen Namen auf sich hat, aber dass er ab und zu ganze Sätze auf Spanisch in seine Rede einfließen lässt, deutet auf eine Verbindung zu Spanien, die über Mallorca-Reisen hinausgeht. Vielleicht komme ich noch dahinter. Heute wird aber erst mal gearbeitet.

Von meinen anderen Kunden bin ich ein kurzes Prozedere gewohnt. Da heißt es zur Begrüßung: »Hallo, Torben«, dann werfe ich den Rasenmäher an, und eine Stunde später nehme ich mein Geld entgegen und empfehle mich: »Bis in zwei Wochen. Tschüss!«

Nicht so bei Carlos, denn erstens ist sein Garten eine einzige Wildnis. Also nicht nur, dass alle Bodenpflanzen hier dermaßen gewuchert sind, dass man knietief darin herumwatet, ich zähle darüber hinaus auch vier Autos in unterschiedlichen Graden der Fahruntüchtigkeit, dazu eine große, offenbar selbst gebaute Halle und ein heruntergekommenes Gartenhäuschen, vielleicht ein Stall oder ein Geräteschuppen. Ein Garten der besonderen Art jedenfalls, in grauer Vorzeit wahrscheinlich mal ein Ziergarten, aber längst reine Natur, dekoriert mit den blechernen Überbleibseln aus Carlos' früherem Leben als Autohändler. Und zweitens bleibt es mit ihm nie beim Austausch unverbindlicher Höflichkeitsfloskeln, aber dazu später mehr.

Zu Punkt eins: Welche Stufe soll ich am Rasenmäher einstellen? Die höchste? Ja! Und den Fangkorb weglassen; einfach nur durchkommen, heißt vorläufig das Ziel. Knapp fünf

Stunden später sieht man dem Grundstück zumindest an, dass mal ein Rasenmäher drübergegangen ist; Carlos ist unterdessen die ganze Zeit mit dem Rechen hinterhergelaufen und hat das geschnittene Grünzeug zusammengeharkt. Unglaublich, welchen Einsatz der alte Mann zeigt! Wie kann der noch so fit sein? Woher kommt dieser Elan?

Mit dem macht die Arbeit jedenfalls Spaß, das muss ich sagen. Aber nach fünf Stunden ist selbst Carlos geschafft, deshalb fällt der Abschied heute kurz aus.

»Was kriegst du von mir?«

»Sind zehn Euro die Stunde in Ordnung?«

»Und wie viel wäre das dann?«

Ich zögere. »Fünfzig Euro?«

»Ja, hab ich mir auch so gedacht.« Er reicht mir einen zusammengefalteten Fünfzigeuroschein. »Steck den ein.«

Als ich meinen Lohn zu Hause aus der Tasche ziehe und auffalte, halte ich plötzlich zwei Scheine in den Händen. Zwei Fünfziger. O Mann ... Ich bin glücklich und stolz wie Oskar. Das fängt ja gut an. Ich muss der reichste Mensch der ganzen Straße in meiner Altersklasse sein.

Anderntags bin ich schon wieder bei Carlos, mich bedanken. Der gespenstische Wintergarten, das Klingelschild mit Karl-Heinz Schulz, die Enge in dem vollgestellten, düsteren Wohnzimmer, so weit ist alles beim Alten. Aber der Mann, dieser Carlos, der mir gestern in seinem Garten freie Hand gelassen und einfach mitgearbeitet hat, ohne schlaue Bemerkungen zu machen, ohne Anweisungen zu erteilen, so als wäre ich es, der hier das Sagen hat, dieser Mann hat nicht nur seinen Schrecken verloren. Ich fange an, ihn – wie soll ich sagen? – interessant zu finden.

Und jetzt, am dritten Tag unserer Bekanntschaft, lerne ich die wichtigste Lektion: Die zwei Stunden auf seinem Sofa am ersten Tag waren keine Ausnahme. Wenn nicht gearbeitet wird, schlägt er gleich nach seinem Standardgruß »*Buenos dias, señor*« eine beliebige Seite in einem unsichtbaren Buch mit dem Titel »Aus dem Leben des Carlos Schulz« auf und legt los. Mit unaufgeregter, fast monotoner Stimme erzählt er dann von Begebenheiten lange vor meiner Geburt, in denen es um sehr aufregende Dinge geht wie Leben und Tod, Verwundungen und Lagerhaft, Flucht und Exil. Mit dem Krieg hat er vor zwei Tagen angefangen, dem Thema bleibt er vorläufig treu, und auch wenn er zu Wiederholungen neigt und manches doppelt, manches dreifach erzählt, packt er immer wieder neue Einzelheiten aus, komische, schauerliche, haarsträubende, in jedem Fall faszinierende.

In Zukunft werde ich mehrere Versuche starten, ihn zu einem Vortrag in meiner Schule zu überreden. Ich würde ihn im Geschichtsunterricht über den Zweiten Weltkrieg gern als Zeitzeugen präsentieren, doch davon will er nichts wissen, und später ist mir seine sture Weigerung sogar recht, weil ich es nun als Privileg empfinde, jederzeit exklusiven Zugang zu seinen Geschichten zu haben.

Kurz und gut, ich begreife: Wenn ich zu Carlos gehe, muss ich Zeit mitbringen. Viel Zeit. Anderthalb Stunden vergehen schnell, wenn sich die Schleusen seiner Erinnerung öffnen. Aber hier will ich unterbrechen. Carlos wird seine eigene Version von unserer ersten Begegnung haben, und die soll nicht unter den Tisch fallen.

CARLOS ERINNERT SICH (I)

Den Torben hab ich kennengelernt … der wohnt ja hier um die Ecke. Und gleich gegenüber wohnt eine Frau, die hat mir immer das Essen gebracht. Die meinte zu mir: »Ihr Zierrasen müsste auch mal geschnitten werden.« Das Gras stand vierzig Zentimeter hoch.

Ich sag: »Ich hab keine Zeit. Kennen Sie einen, der so was macht?«

»Ja, da drüben wohnt ein junger Mann, der geht bei verschiedenen Leuten Rasen mähen.«

»Dann sagen Sie dem Bescheid. Er kann bei mir auch den Rasen mähen.«

Mein Rasen war drei Jahre lang nicht geschnitten worden. Und der Torben war froh, dass er einen Kunden mehr hatte. Die anderen hatten alle einen gepflegten Rasen, da konnte er nicht viel verdienen, da ging man einmal mit der Maschine drüber, fertig. Aber mein Rasen war was für einen ehrgeizigen jungen Mann. Da lohnte es sich.

Der Torben kam also und hat gemäht. Hinterher sag ich: »Wie viel nimmst du denn?«

Da druckst er rum – na ja, soundso viel.

»Und für das bisschen hast du den ganzen Rasen gemäht? Hast du was dagegen, wenn ich dir noch einen Fünfziger drauflege?«

Hat er groß geguckt. Aber ich ehre das Handwerk. Ich seh auch, ob sich einer Mühe gibt oder nicht. Und der Torben hat sich Mühe gegeben, hat das prima gemacht und hinterher alles weggebracht.

»Das kannst du jetzt laufend bei mir machen«, hab ich gesagt. »Und wenn du Lust hast, kannst du mir auch sonst noch ein bisschen helfen.«

So ist er bei mir hängen geblieben. Hinterher hat er peu à peu die anderen Kunden abgestoßen und ist nur noch zu mir gekommen. Ich hab immer gefragt, was er haben will, und hab mir dann überlegt: Das ist aber billig. »Arbeit muss bezahlt werden«, sag ich. »Wenn die anderen dir nicht mehr geben, sollen sie ihren Rasen selbst mähen.«

Da ist er ganz bei mir geblieben und hat mir bei allem geholfen.

Ich hab auch eine große Reise mit ihm …

Carlos! So weit sind wir noch nicht.

AUSFLUG NACH DÜSSELDORF

Um es in einem Satz zu sagen: Auf seine trockene, etwas knurrige Art umgarnt Carlos mich. Er ist, wie er ist, also großherzig, gutmütig und erstaunlich locker drauf, aber er weiß auch, was er will. Er zieht mich an sich heran, wie ein Magnet einen Nagel anzieht. Und ich spiele mit. Warum? Nicht leicht zu sagen. Wahrscheinlich, weil er anders ist. Anders als meine übrigen Kunden, aber auch anders, als ich mir einen alten, uralten Mann vorstelle.

Dieses Jahr, und zwar am 24. Dezember, wird er neunzig, das sollte man nicht meinen. Nicht, dass er jünger aussieht, aber da ist nichts Kauziges, nichts Verhärtetes, auch nichts Melancholisches an ihm. Er macht nicht auf jung – das kann man von Carlos wirklich nicht behaupten –, doch in diesem alten Körper ist mehr Leben als in manchem jüngeren, da gibt es Energiereserven, die noch lange nicht aufgebraucht sind. Und im Übrigen: Sein Garten bleibt eine Daueraufgabe.

Auch das reizt mich. Nachdem der Wildwuchs einigermaßen gezähmt ist, wende ich mich den Beeten auf der Straßenseite zu. Der Rest kann bleiben, wie er jetzt ist, aber die Beete könnten etwas Kosmetik vertragen, also fange ich an, Unkraut zu jäten und den einen oder anderen Strauch zu beschneiden. Ich bin weiß Gott kein Gärtner, aber mittlerweile kann ich eine Hortensie von einem Buchsbaum unterscheiden.

Und Carlos lässt mir weiterhin freie Hand. Dem ist egal, was ich aus seinem Grundstück mache. »Tu, was du willst«, sagt er, und so wird sein Garten zu meinem Experimentierfeld. Ich beschneide irgendwas, und wenn's geklappt hat, wende ich dieses Verfahren auf die Gärten meiner übrigen Kundschaft an – wenn nicht, fliegt der Strauch raus, geht auf den Anhänger und ist vergessen. Nach kurzer Zeit handele ich mir bei Carlos auf diese Weise den Titel »Obergartendirektor« ein. Mit meinem Vornamen steht er anfangs sowieso auf Kriegsfuß – mal bin ich für ihn Tom, mal Torsten; Torben bürgert sich erst nach einer ganzen Weile ein.

Im Sommer dieses merkwürdigen Jahres 2016 wird der Obergartendirektor, ohne dass er es sogleich merkt, in einen neuen Aufgabenbereich eingeführt: Ich begleite Carlos erstmals nach Düsseldorf. Weil er einen Behindertenausweis besitzt, ist die Zugfahrt für mich gratis – nach einer missglückten Augenoperation sieht Carlos nicht mehr so gut, auch wenn er immer behauptet, Augen wie ein Luchs zu haben. Die hatte er früher wohl auch, aber jetzt ist es damit vorbei; trotzdem braucht er nicht wirklich einen Begleiter, er hat die Reise bislang ja auch immer allein gemacht. Nein, Carlos verbindet mit diesem gemeinsamen Ausflug eine Absicht. Aber welche?

Von Emmerich nach Düsseldorf … nun wirklich keine Weltreise. Eine Stunde und fünfundzwanzig Minuten ist man unterwegs, dennoch: Ich bin aufgeregt. Einmal, weil Düsseldorf für Carlos ein magisches Wort zu sein scheint. So viel habe ich ja schon mitgekriegt: In Emmerich ist er im Exil. Da kennt er keinen, da langweilt er sich, das ist für ihn bloß ein Rückzugsort, ein Alterssitz, und kein geliebter. In Wirklichkeit ist Carlos Düsseldorfer durch und durch. Sein Herz schlägt für eine Düsseldorferin; das allein ist schon Grund genug, einmal die Woche Emmerich den Rücken zu kehren und die Luft dieser Großstadt zu schnuppern, die ja ebenfalls am Rhein liegt. Sein Herz hängt aber auch an der Stadt selbst und an den fünfzig Jahren, die er hier gewohnt hat, in denen er das Autohaus Schulz aufgezogen und zum Erfolg geführt hat. Mit anderen Worten: In Düsseldorf findet für Carlos das wahre Leben statt, und ich soll heute in dieses wahre Leben eingeführt werden.

Außerdem bin ich aufgeregt, weil … ja, ich weiß, für manch einen schwer zu glauben, aber Düsseldorf ist für mich so etwas wie New York. Oder Paris, Madrid. In meinen sechzehn Lebensjahren war ich nur ein einziges Mal in Düsseldorf; ich meinerseits bin nämlich Emmericher durch und durch. Dort habe ich meine Freunde, meinen Schulalltag, meinen Fußball- und meinen Karnevalsverein, natürlich auch meine Familie, und viel mehr brauche ich nicht, eine Ferienreise dann und wann vielleicht noch … Nein, der Torben Kroker des Jahre 2016 ist kein Abenteurer. Der verspürt normalerweise keinen Heißhunger auf die große, weite Welt. Carlos hat nicht unrecht, wenn er mich für ein behütetes Pflänzchen hält, wie er gelegentlich mit gutmütigem Spott durchblicken lässt. Und deshalb habe ich Herzklopfen, als unser Zug jetzt in den Hauptbahnhof von Düsseldorf einfährt.

Elisabeth erwartet uns auf dem Bahnsteig. Elisabeth ist Carlos' Freundin, zehn Jahre jünger als er und großzügig geschätzt einen Meter fünfzig groß. Ihr Erkennungs- und Markenzeichen ist, wie ich jetzt schon verraten darf, eine Damenhandtasche von Longchamp. Sie besitzt eine kleine Kollektion dieser Taschen in verschiedenen Farben, und ohne geht sie nicht aus dem Haus; die heutige ist die blaue Version.

»Hallo, Frau Ley«, sage ich, während ich ihr die Hand reiche, als Carlos dazwischengeht: »Jetzt nimm die Dame doch mal ordentlich in den Arm! Die will gedrückt werden!« Uff. Ich bin nun mal kein Draufgänger. Aber Carlos denkt nicht daran, auf meine Schüchternheit Rücksicht zu nehmen, und schon liegen wir uns in den Armen, Elisabeth und ich. Na ja, allzu stürmisch geht es dabei nicht zu, aber Carlos lässt meinen zaghaften Versuch, Temperament zu beweisen, als gelungen durchgehen.

Was soll ich sagen? Ich werde Carlos und Elisabeth noch viele Male auf ihren Streifzügen durch Düsseldorf begleiten, doch schon dieser erste Besuch hinterlässt bei mir den Eindruck, dass die beiden zwischen Rheinufer und Königsallee vollkommen in ihrem Element sind, mit ihrer Stadt sozusagen verschmelzen. In einer Mischung aus jugendlicher Unternehmungslust und eiserner Routine bewegt sich das seltsame Paar durch die Stadt – der groß gewachsene Carlos, auf seinen Stock gestützt, in gemächlichem Trott, die zierliche Elisabeth mit kurzen Schritten energisch vorwärtsstrebend –, und wo die beiden eintreten, gibt es ein Wiedererkennen, warten alte Bekannte.

Es sind traditionsreiche Orte, die wir aufsuchen, das Café Heinemann in der Nähe der Königsallee zum Beispiel, jedem Düsseldorfer ein Begriff und für Carlos und Elisabeth eine von mehreren Stationen, die auf keinen Fall ausgelassen werden dürfen. Das Café Heinemann mit seinem Restaurant im ersten Stock ist eine ganz eigene Welt, Treffpunkt einer Generation, die noch gutbürgerliche Küche zu schätzen weiß, verfeinert allerdings und aufgetragen von leicht unterkühlten Kellnerinnen in weißen Schürzen und schwarz-weißen Blusen – in Emmerich unvorstellbar.

Obwohl mir alles fremd ist, gehöre ich im Schlepptau von Carlos sofort dazu; auch Elisabeth hat mich gleich als Dritten im Bunde akzeptiert. Unser Verhältnis wird schnell so vertraut, dass sie mir wenig später erzählt: Nach meinem ersten Auftritt bei Carlos habe der mich als pfiffiges Bürschchen bezeichnet, das man sich warmhalten müsse … Na schön. Sagen wir so: Trotz meiner Jugend scheine ich einen soliden Eindruck auf ihn gemacht zu haben.

Als ich später allein im Zug nach Emmerich sitze, weil Carlos bei Elisabeth bleibt, schwelge ich in taufrischen Erinnerungen. Wenn das kein Abenteuer war … Und dann der Gedanke: Wie sehr muss Carlos in Emmerich leiden! Zwar existiert das Autohaus Schulz schon lange nicht mehr, ein neues Verwaltungsgebäude steht jetzt an seiner Stelle, aber die Wahrheit ist: Carlos ist Düsseldorfer geblieben. In dieser Stadt hat er nach dem Krieg seine Lebenstüchtigkeit unter Beweis gestellt, hier hat er seinen Erfolg ausgekostet, hier hat er ein Zuhause gefunden, das ihm auf den lebenshungrigen Leib geschnitten war. Warum stapelt sich denn das halbe Inventar seiner Autowerkstatt in der sonderbaren Halle auf seinem Grundstück, Kisten voller Spezialwerkzeug und Ersatzteile für Mercedes-, Mazda- und VW-Käfer-Modelle, die längst aus dem Straßenbild verschwunden sind, teilweise noch original verpackt? Sinnvoll wäre das nur, wenn man die Zeit um fünfzig Jahre zurückdrehen könnte. Nein, dafür gibt es nur eine Erklärung: unstillbare Nostalgie …

CARLOS ERINNERT SICH (II)

Mein Autohandel ist mir praktisch in den Schoß gefallen. Ich hatte doch keine Ahnung von Autos. Aber technisch war ich von Kindesbeinen an auf Draht. Zu Hause mussten meine Eltern immer Hammer und Nägel vor mir verstecken. Mit vier Jahren hab ich die Küchentür zugenagelt, weil sie dauernd von allein aufging. Ich hatte schon immer ein Auge dafür, wo's was zu tun gab. Und wenn ich gemerkt hab, damit kannst du Geld verdienen, hab ich's gemacht.

Als ich nach Deutschland zurückkam, 1951, hatte ich keinen Beruf. Ich kam ja von der Fliegerei, aber die gab's bei uns nicht mehr. Tja, was sollte ich werden? Wenn du dich mit Flugzeugen auskennst, hab ich gedacht, kannst du in jeder Autowerkstatt anfangen, dafür brauchst du kein Spezialwissen. Beim Flugzeug muss alles hundertprozentig stimmen, da musst du scharf aufpassen, aber beim Auto … Wenn das mal stehen bleibt, dann bleibt es stehen, aber wenn ein Flugzeug stehen bleibt, stürzt es ab.

Ich war sowieso an Autos interessiert. Später hab ich das schönste Auto der damaligen Zeit gefahren, den Borgward Isabella Coupé. Borgward war besser als Mercedes. Ich hab alles gefahren, was gut und schön war, aber mein erstes Auto war ein Opel Olympia, Baujahr 1936, ein Vorkriegsmodell. Der gehörte vorher dem englischen Kommandanten vom Flugplatz Düsseldorf. Der Mann hatte eine Sekretärin, mit der ich eine Zeit lang zusammen war.

Eines Tages sagt sie zu mir: »Der Chef hat sein Auto verkauft, aber das steht jetzt schon seit Wochen rum, weil der Käufer nicht zahlen kann.«

Ich denk nicht lange nach. »Frag deinen Chef mal«, sag ich zu ihr, »ob er's mir für sechshundert Mark überlässt.« Da konnte ich den Olympia gleich abholen.

In Düsseldorf hatte ich einen Freund, mit dem ich in Gefangenschaft war. Dem hab ich geschrieben, dass ich Arbeit suche, und er war hellauf begeistert, weil er in Düsseldorf sonst keinen Menschen kannte. Also bin ich hin, hab ein paar Wochen bei ihm gewohnt und bin tagsüber durch die Stadt gelaufen. Einmal komme ich in eine Autowerkstatt und schaue denen beim Ausbeulen zu – aha, so geht das –, da hab ich gedacht: Das kannst du auch.

Da, wo ich später das Autohaus gebaut hab, war ursprünglich eine Wäscherei-Annahmestelle und daneben eine unbebaute Fläche. Ich sag zu denen von der Wäscherei: »Ich muss mein Auto auf Vordermann bringen, da sind zu viele Beulen drin. Darf ich den Wagen bei euch abstellen?« Ja, kein Problem, und dann hab ich angefangen: erst ausbeulen, dann spachteln und schleifen, dann anstreichen – mit dem Pinsel! Ich hab die Farbe so genommen, wie sie aus der Dose kam, ohne Verdünner … Hatte mal wieder keine Ahnung, hab's einfach gemacht. Der Olympia sah hinterher so bunt und scheckig aus wie ein Zirkuspferd, aber der alte Schrotthaufen lief.

Hinterher kam einer nach dem anderen an: »Ich hab da eine Beule in der Karre, kannst du die wegmachen? Was nimmst du dafür?«

»Och, gib mir, was du willst.«

Also habe ich mir eine Spritzpistole gekauft und damit rumexperimentiert. Ich hatte gar nicht die Absicht, ins Autogeschäft einzusteigen, aber es wurden immer mehr, und am Ende hatte ich so viele Kunden … Damals fuhren ja noch viele mit verbeulten Kisten rum.

So habe ich das Ausbeulen gelernt, und zwar immer draußen, im Freien, neben der Wäscherei-Annahme. Auch lackiert hab ich im Freien – wenn's zwischendurch geregnet hat, musste ich noch mal ran. Ich wurde aber immer besser und hab's den Leuten für die Hälfte von dem gemacht, was die regulären Werkstätten nahmen. Mensch, hab ich mir gesagt, da kannst du einen Beruf draus machen.

Dann kam einer, der wollte meinen Olympia kaufen. Die Summe, die er mir geboten hat, war besser als erwartet, da konnte er das Auto gleich mitnehmen. Das war der Beginn meines Autohandels. Erst Reparatur, dann Handel. Meine erste Werkstatt war ein Schuppen, der war dermaßen eng, dass ein Auto gerade mal so reinpasste. Ich konnte immer nur an einer Seite arbeiten. Erst hab ich eine Seite fertig gemacht, dann den Wagen umgesetzt und die andere Seite gemacht. Später hab ich einen größeren Schuppen gleich nebenan gekriegt, in dem konnte ich schon einmal um das ganze Auto rumlaufen.

Dann hab ich alte Kisten aufgekauft, hab sie aufgemöbelt und weiterverkauft. Autos waren damals gesucht. Mit einem Mal hatte ich Geld und konnte mir bessere Autos leisten. So ging es immer aufwärts, und irgendwann musste ich Leute einstellen. Als nebenan eine große Halle frei wurde, hab ich die dazugenommen. Am Ende hatte ich im Verkauf und in der Werkstatt acht Mann beschäftigt, da waren zwei Spanier dabei, und mit acht Stunden kamen wir nicht hin; jeder hat zehn Stunden am Tag gearbeitet und mitunter noch die halbe Nacht durch.

Erst hatte ich eine Opel-Vertretung. Zwischendurch auch eine MG-Vertretung, aber die habe ich nach wenigen Monaten wieder aufgegeben. Mitte der Achtzigerjahre kam Mazda dazu; die kannte in Deutschland noch keiner, aber mit den Japanern bin ich sehr gut zurechtgekommen. Am Ende habe ich sogar Proton verkauft, eine malaysische Automarke. Damals habe ich schon nicht mehr mitgearbeitet, weil ich die Organisation machen musste. Und 2007 musste ich weg, weil die Stadt Düsseldorf das Grundstück brauchte. Da hab ich den Autohandel auslaufen lassen und mit achtzig Jahren aufgehört.

Ja, natürlich hab ich Glück gehabt. Aber ich hab auch die Ideen gehabt. Und ich habe mich vor keiner Arbeit gedrückt.

CARLOS UND ICH EROBERN DIE STRASSE

Frau Peters wohnt wenige Hundert Meter von Carlos entfernt; ich kenne sie durch die Gartenarbeit. Die Dame ist im Januar 1927 zur Welt gekommen und damit vier Wochen jünger als er. Da sie obendrein, genau wie Carlos, viele glückliche Jahre in Düsseldorf verbracht hat, beschließe ich, die beiden miteinander bekannt zu machen.

Kurz darauf sitzt Carlos bei Frau Peters im Wohnzimmer, während ich mich um ihren Garten kümmere. So gegen fünfzehn Uhr kommt sie mit ihrem Rollator zu mir nach draußen und bittet mich, eine Weinflasche rauszusuchen, weil ihre Augen nicht mehr so mitmachen.

»Der Herr Schulz ist aber doch ganz schön alt«, vertraut sie mir an, als ich die Flasche in der Küche entkorke, »der erzählt ziemlich viel doppelt.«

Ja, was vier Wochen Altersunterschied ausmachen können …

Nun, die Flasche wird zügig geleert – wenn Carlos beteiligt ist, hat eine geöffnete Weinflasche gewöhnlich keine lange Lebenserwartung –, und auf dem Heimweg fasst er seine Begegnung mit Frau Peters in den Worten zusammen: »War ein schöner Nachmittag. Wird der alten Dame gutgetan haben, mal Besuch von mir bekommen zu haben.«

Ich grinse – wieder was gelernt: Alt ist immer nur der andere.

Mittlerweile schaue ich fast täglich bei Carlos vorbei. Wir haben schon beinahe eine familiäre Beziehung. Einer meiner echten Opas lebt zwar noch, sodass ich nicht in Versuchung komme, in Carlos etwas anderes als einen großväterlichen Freund zu sehen, aber unser Verhältnis ist doch in wenigen Monaten sehr intensiv geworden. Selbst in der Schule hat sich inzwischen rumgesprochen, dass Carlos und ich uns irgendwie zusammengetan haben. Einige meiner Mitschüler finden das etwas sonderbar. »Du weißt aber schon, wie alt der ist?«, gehört noch zu den harmloseren Bemerkungen. Gelegentlich aber heißt es: »Aha, alles klar: klassischer Fall von Erbschleicherei.« »So«, sage ich, »dann macht mal eine Woche lang das, was für mich inzwischen zum Alltag gehört; da wird euch die Erbschleicherei schnell vergehen.«

Carlos bringt mich nämlich manchmal tatsächlich ins Schwitzen. Zum Beispiel: Eines Tages im Dezember ist er in Düsseldorf beim Arzt. Elisabeth hat ihn am Morgen vom Hauptbahnhof abgeholt; sie bringt ihn am Abend auch wieder zum Zug und gibt mir dann kurz durch: »Jetzt ist er unterwegs«, weil Carlos mit seinem Handy nie zurechtkommt. Inklusive Taxifahrt vom Bahnhof Emmerich müsste er gegen einundzwanzig Uhr zu Hause sein, aber als ich kurz nach neun bei ihm anrufe, antwortet er nicht. Es wird halb zehn, es wird Viertel vor zehn – weiterhin ist er nicht zu erreichen. Ich überlege. Elisabeth hat ihn in den Zug gesetzt, er muss also in Emmerich sein. Vorausgesetzt, er ist in Emmerich ausgestiegen … Allmählich werde ich unruhig.

»Komm«, sage ich zu meinem Vater. »Wir suchen ihn.«

Als wir an seinem Haus vorbeifahren, ist alles dunkel. Ein Taxi kommt uns entgegen – sitzt er vielleicht da drin? Am Bahnhof jedenfalls von Carlos keine Spur. Wir fahren zurück. In seinem Haus brennt immer noch kein Licht.

Jetzt bin ich richtig besorgt. Wir müssen ihn unbedingt finden! Schließlich ist der Mann neunundachtzig und nicht besonders sicher auf den Beinen, zudem ist es Nacht, und die Straßen sind verschneit, stellenweise spiegelglatt. Wieder machen wir uns auf den Weg zum Bahnhof. Unterwegs ist mir plötzlich so, als hätte ich in einer dunklen Ecke eine Gestalt gesehen. Wir machen kehrt, und richtig – im Scheinwerferlicht taucht Carlos auf, an eine Mauer gelehnt. Was ist passiert? Der Zug hatte Verspätung, und von den üblichen zwei Taxis am Bahnhof war keins zu sehen. Dann laufe ich eben, hat er sich gedacht, dabei sind es bis zu seinem Haus anderthalb Kilometer, obendrein hat er eine Tasche mit Brot aus seiner Düsseldorfer Lieblingsbäckerei dabei sowie eine größere Summe Bargeld, nämlich mehr als tausend Euro, und in seiner augenblicklichen Verfassung müsste man ihn nur antippen, schon läge er im Schnee. Aber er versteht unsere Aufregung nicht. Carlos kommt immer zurecht. Carlos braucht keine Hilfe. Um Carlos braucht man sich keine Gedanken zu machen … Gut, wir sammeln ihn ein, und zum Schluss bedankt er sich doch. Etwas widerwillig, wie ich finde.

Im September werde ich siebzehn, und Carlos und Elisabeth sind als Ehrengäste geladen. An diesem Nachmittag kann sich jeder sein eigenes Bild von meinem neuen Freund machen, aber nur ich weiß, dass seiner Geburtstagskarte mit ihrem formellen »Herzlichen Glückwunsch zum Geburtstag wünschen Karl-Heinz Schulz und Elisabeth Ley« ein Hunderteuroschein beigelegt ist. Und wenig später nimmt unser Pakt noch einmal ganz neue Formen an.

Im selben Monat mache ich meinen Führerschein. Carlos ist begeistert. Seit Monaten drängt er:»Wir können doch nicht den ganzen Tag zu Hause sitzen! Wir müssen was erleben!« Nur, ohne Führerschein ist wenig zu machen. Allerdings ist auch mit Führerschein nicht viel gewonnen, weil ich nach dem Gesetz die ersten zwölf Monate nur in Begleitung fahren darf. Da kommt mir ein Gedanke. »Darf man eigentlich unbegrenzt viele Begleitpersonen eintragen lassen?«, frage ich meinen Fahrlehrer.

Ja, das darf man, solange sie über dreißig Jahre alt und seit mindestens fünf Jahren im Besitz eines Führerscheins sind. Großartig. Beides trifft auf Carlos zu. Als Nächstes werden wir gemeinsam beim Straßenverkehrsamt vorstellig. Als ich an die Reihe komme, schiebe ich der Sachbearbeiterin Carlos' Führerschein von 1952 rüber: »Diesen Herrn würde ich gern als Begleitperson eintragen lassen.«

Die Frau nimmt den uralten Lappen in die Hand, wirft einen Blick auf das Ausstellungsjahr, wirft einen zweiten auf das Geburtsdatum und fragt schließlich: »Lebt die Person denn noch?«

Ich zeige hinter mich, wo Carlos auf einer Bank wie unbeteiligt mit seinem Stock spielt. »Da sitzt er.«

»Ja … sieht der denn noch was?«

»Er hat Augen wie ein Luchs. Sein Stock ist zwar weiß, aber das will nichts heißen.«

Und so gerät Carlos auf die Liste meiner offiziell zugelassenen Begleitpersonen, neben meinen Eltern, meinen Omas und einer Tante. Eine große Hilfe wäre er im Zweifelsfall allerdings nicht gewesen, so viel darf ich verraten, denn unsere Arbeitsteilung während der Fahrt sieht in Zukunft so aus: Ich sitze am Steuer, Carlos erzählt aus seinem Leben; Augen für den Verkehr hat er dabei nicht. Trotzdem: Von nun an muss ich ihn nur anrufen und zehn Minuten später sitzen wir im Auto. Carlos hat ja fast immer Zeit. Lust hat er sowieso.

Gelungene Tage sehen jetzt zum Beispiel so aus wie der

13. Dezember dieses Jahres, der mir in lebhafter Erinnerung ist: Ich habe ein Bewerbungsgespräch in Düsseldorf, und eigentlich wollen mich meine Eltern begleiten, sie freuen sich schon auf einen gemütlichen Bummel über den legendären Weihnachtsmarkt. Aber kaum hat Carlos das Wort »Düsseldorf« vernommen, will er mit, was meine Eltern einigermaßen verstimmt, denn schließlich: Stadtbummel, Weihnachtsmarkt, geht nicht wenigstens das mal ohne Carlos?

Nein, geht es nicht. Schlussendlich nimmt Carlos auf dem Beifahrersitz seines alten Proton Platz, meine Eltern quetschen sich hinten rein, und ich sitze am Steuer. Natürlich will Carlos von einem Navi nichts wissen – »Ich kenn den Weg!« –, doch als ich ihn auf der A 44 frage: »Müssen wir hier nicht runter?«, kommt prompt die Antwort: »Weiß ich doch nicht.« Na schön. Düsseldorf ist zwar nicht zu verfehlen, aber im Norden der Stadt verfahre ich mich. Drei Fahrspuren, Autos, Radfahrer, Ampeln, das kenne ich aus Emmerich so nicht, dies ist meine erste Bekanntschaft als Autofahrer mit einer Großstadt, ich bin überfordert und heilfroh, als ich den Wagen mit seiner kostbaren Fracht doch noch sicher bis vor Elisabeths Haus manövriert habe. Dort übernimmt Elisabeth das Steuer, und zur allgemeinen Verblüffung lenkt sie den Wagen mit ihren achtzig Jahren flott und souverän durch den Verkehr, die Johannstraße hoch und in die Ulmenstraße, wo ein Fahrradfahrer bei Rot über den Zebrastreifen schießt und Elisabeth blitzartig in die Eisen geht – was für ein Reaktionsvermögen!

Vor dem Hauptbahnhof trennen sich unsere Wege; ich habe dort mein Bewerbungsgespräch, die anderen nehmen die U-Bahn zur Königsallee, auf der sich Elisabeth bekanntlich wie in ihrem eigenen Wohnzimmer bewegt, und siehe da: Es passt. Die Krokers aus Emmerich kommen zu ihrem

Weihnachtsmarkt, die beiden Düsseldorfer zu ihrem Abendessen bei Heinemann, und als ich dazustoße, sind alle mit diesem Tag hochzufrieden.

Wenn ich heute die beiden Paare auf einem Foto von damals bei Heinemann sitzen sehe, meine Eltern auf der einen Tischseite, Carlos und Elisabeth gegenüber, dann erstaunt mich vor allem eins: dass Carlos schon ein Dreivierteljahr, nachdem ich zum ersten Mal in seinem Garten den Rasenmäher angeworfen habe, zur Familie gehört.

ELFÜHRKEN MIT CARLOS UND ELISABETH

Bisher räumt mir Carlos wenig oder kaum Mitspracherecht ein. Er bestimmt, und meine Meinung hat im Zweifelsfall keinen Wert. Gut, er hat dreiundsiebzig Jahre Vorsprung, und sein Argument »Mach du erst mal mit, was ich mitgemacht hab« ist nicht zu widerlegen, also füge ich mich meistens. Überraschenderweise überlässt er die Gestaltung seines neunzigsten Geburtstags aber mir.

Nun ist der 24. Dezember ein blöder Tag für einen Geburtstag. Elisabeth und ich beschließen: Groß gefeiert wird demnächst irgendwann, am 24. gibt's lediglich ein Elführken für den engeren Kreis. Ein Elführken ist, wie der Name schon sagt, eine kleine Festivität, die am späten Vormittag beginnt und zu unbestimmter Stunde endet. Zu Hause setze ich mich an den Computer und entwerfe eine schöne Einladungskarte, weder altbacken noch nullachtfünfzehn wie sonst bei alten Leuten, verschicke sie an die Düsseldorfer, verteile sie an Carlos' direkte Nachbarn, und alle sind begeistert.

Am 23. trifft Elisabeth mit dem Zug aus der Landeshauptstadt ein und schleppt Tüten voller Käse vom Carlsplatz und Leckereien von Heinemann an, nur erlesenes Zeug vom Typ »hundert Gramm acht Euro«, aber sie ist überall Stammkundin, sie kriegt überall Rabatt, da langt man schon unbekümmerter zu. Ich übernehme es, Bier zu besorgen, was einfacher klingt, als es ist. Eine Nachbarin hat mich nämlich gewarnt:»Was Bier angeht, sind sie hier wählerisch«, also bin ich von Tür zu Tür gegangen und habe jeden gefragt, und tatsächlich: Der eine trinkt nur Veltins, der andere schwört auf Krombacher, der dritte besteht auf Altbier … Gut, dass ich alle abgeklappert habe. Als ich nach meinem Einkauf zurückkomme, zeigt sich, dass dieses Sammelsurium gar nicht in den Kühlschrank passt, aber Carlos weiß Rat:»Unten im Keller müsste noch ein Kühlschrank stehen.« Gut, packen wir alles da rein. Allerdings sieht mir dieser Kühlschrank sehr nach Tiefkühltruhe aus. Aber Carlos bestimmt, und für Carlos ist und bleibt es ein Kühlschrank, also rein damit, und tschüss, bis morgen.

Als ich am 24. vor allen anderen ankomme, hat Elisabeth schon die Tafel hergerichtet, akkurat und liebevoll. Jetzt das Bier hochholen. Ich öffne die Kühlschranktür und die zerplatzten Bierflaschen purzeln mir entgegen. Der ganze Innenraum ist voller Biereis – Krombacher, Veltins, Beck's, Altbier, Weißbier, alles durcheinander zu Eismasse gefroren. Eine Stunde bevor die Gäste eintreffen, heißt es jetzt, neues und obendrein gekühltes Bier zu besorgen; die Idee mit dem Wunschbier ist damit vom Tisch.

Aber die Gäste reagieren gelassen, es wird trotzdem eine schöne Feier. Der stellvertretende Bürgermeister überreicht einen Stich mit einer Stadtansicht von Emmerich, und Carlos beweist schwarzen Humor, als er die Anwesenden jetzt schon mal zu seinem hundertsten Geburtstag einlädt, dann in die

Runde guckt und meint: »Bin gespannt, wer von euch dann noch dabei ist.«

Natürlich will auch ich nicht mit leeren Händen dastehen, nur – was schenkt man einem Neunzigjährigen? Ganz einfach. Da ich mittlerweile weiß, woran es in diesem Haus fehlt, habe ich mich für Filzstifte entschieden, die dringend gebraucht werden, denn Carlos irrt ständig auf der Suche nach einem Stift durch die Wohnung, und wenn er einen gefunden hat, muss er feststellen, dass das Ding nicht mehr schreibt. Außerdem kriegt er von mir zwei Gutscheine, die Elisabeth und ihm freien Zugang zu den Genüssen des Café Heinemann eröffnen (als da wären: Königsberger Klopse, Rindergeschnetzeltes und Hühnerfrikassee), und als Drittes eine Gartenschere.

Da passiert etwas, das ich von Carlos nicht kenne: Während Elisabeth ihm meine Karte vorliest, kullern ihm Tränen über die Wangen. Eigentlich ist mein kurzer Text nichts Besonderes. »Danke, dass du mich als Obergartendirektor eingestellt hast«, steht da, und auch, dass ich mich auf alle gemeinsamen Ausflüge freue, die noch kommen mögen. Aber diese paar Sätze reichen – die Gefühle gehen mit ihm durch, und zum ersten Mal wird mir bewusst, wie nahe ihm alles geht, was wir miteinander erleben.

Den Heiligen Abend verbringt dann jeder für sich, Carlos mit Elisabeth und ich mit meiner Familie. Ich erinnere mich an einen lustigen Vorfall vom Morgen des ersten Weihnachtstags. Als ich bei Carlos anrufe, geht Elisabeth dran. »So«, sagt sie. »Ich ziehe mir jetzt meinen Putzkittel an. Gleich geht's nach Düsseldorf zurück, aber vorher muss ich hier sauber machen.« Ich grinse innerlich. Elisabeth im Putzkittel? Sie, die man nie anders sieht als in Rock und Bluse, dem Inbegriff des klassischen Großmutterstils? Die nur im äußersten Notfall das modische Wagnis eines Rollkragenpullovers eingeht, die noch kein Mensch je in einer Hose gesehen hat? Und jetzt im Putzkittel – was für ein Bild.

Carlos übernimmt, wir plaudern kurz, und dann geschieht, was ihm häufiger unterläuft: Er legt den Hörer nicht richtig auf, und ich werde Zeuge der folgenden Unterhaltung im Hause Schulz.

Carlos: »Der Torben ist doch ein cleveres Kerlchen.«

Elisabeth: »Finde ich auch. Sei froh, dass du ihn hast.«

Carlos: »Ja, bin ich auch.«

Elisabeth: »Ich zieh mir jetzt meinen Kittel an und putz hier noch.«

Und Carlos: »Wie du willst. Aber meinetwegen brauchst du dir gar nichts anzuziehen.«

Ich muss laut lachen. Was für ein Typ! Mit neunzig Jahren immer noch Gedankengänge wie ein jugendlicher Draufgänger. Der resigniert nicht. Der gibt nicht auf. Aber das hat er ja nie getan. Inzwischen habe ich so viel über ihn erfahren, dass mich nichts mehr wundert.

CARLOS ERINNERT SICH (III)

1944 wurde ich zum Militär eingezogen, mit siebzehn, und dann haben sie uns hingeschickt, wo immer die Kacke am Dampfen war, nach Italien, nach Frankreich. Wir waren aber keine normale Infanterie, wir kamen ja von der Fliegerei. Bei uns ging es nicht so militärisch zu wie bei der Infanterie; bei uns durfte jeder sagen, was er dachte. Der ist Leutnant, der kann alles? Das gab es bei uns nicht, wir waren das Gehorchen nicht gewohnt. Aber als sie später keinen Sprit und keine Flugzeuge mehr hatten, haben sie Bodenpersonal gesucht und uns in die Infanterie gesteckt.

Einen kleinen Vorteil hatte ich damals: Ich hab schon vorher Kampferfahrung gehabt. Wir wohnten bei Kriegsbeginn in Holland, mein Vater war ja beim Zoll, und als die Deutschen einmarschiert sind, mussten wir zusehen, wie wir durchs Gefecht kamen. Da ging die Front über uns weg, aber Gott sei Dank wurde nicht viel geschossen.

Meine letzte Stellung war Losheimergraben. Das ist ein kleines Nest zwischen Simmerath und Prüm in der Eifel, direkt an der Grenze zwischen Belgien und Deutschland. Die Reste, die von uns übrig waren, haben sie im Dezember 44 da reingeworfen.

Ich war vorher schon dreimal verwundet worden. Ich hatte die ganze Schulter kaputt, ich hab heute noch ein großes Loch im Rücken, und dann der Streifschuss am Hals – ein paar Millimeter weiter, und ich wär hinüber gewesen. Kleingekriegt haben sie mich trotzdem nicht, aber in Losheim, das war ziemlich hart. Wir waren ja bloß noch ein paar Männekes, das letzte Aufgebot, und die Amis rückten mit ganzen Kompanien an.

Und da ist es passiert. Die Amis haben mit Phosphorgranaten geschossen und plötzlich stand ich in Flammen. Gottlob lag der Schnee in der Eifel dreißig Zentimeter hoch. Ich hab mich in den Schnee geworfen und mich rumgewälzt, aber ohne Schnee wär ich verbrannt. Die Hände waren trotzdem nur noch rohes Fleisch, die Unterarme auch, die Verbrennungen zogen sich bis zu den Ellbogen hoch; ich kam also wieder mal ins Feldlazarett. Damit hatte ich den Krieg so ziemlich hinter mir, mit meinen Händen konnte ich ja nichts mehr anfassen.

Im Feldlazarett haben sie mir beide Arme dick umwickelt. Dann bin ich raus und hab die Chausseegräben abgesucht und mir genommen, was rumlag; meine alte Uniform war ja verbrannt. Das Erste, was ich fand, war eine Reithose, das Zweite eine Infanteriejacke; nun passte zwar nichts mehr zusammen, aber immerhin hatte ich mich so auf die Schnelle zum Offizier befördert.

Jetzt brauchte ich noch Schuhe. Mir hatte nämlich ein Splitter die Sohle vom Schuh abgetrennt – der Fuß war heil geblieben –, aber Schuhe in meiner Größe waren hier nicht im Angebot. Also hab ich den kaputten Schuh mit einer Schnur zusammengebunden und bin damit in Richtung Rhein gehumpelt, meine Beine waren ja noch ganz.

Auf dem Verbandsplatz in der Eifel hatte ich einen Schneidermeister aus Viersen getroffen, den Jupp. Der meinte zu mir:»Ich kann nicht mehr nach Viersen, da sind die Engländer.«

Darauf sag ich:»Und ich weiß nicht, wo meine Eltern sind. Zuletzt haben wir in Holland gewohnt.«

Wir gucken uns an.

»Und was machen wir jetzt?«

»Schaun wir doch mal«, sag ich,»was sie kriegsversehrten Soldaten daheim so zu bieten haben.«

Da sind wir beide zusammen losgelaufen. Bis zum Rhein waren es hundert Kilometer. Die Front kam näher und alles brachte sich in Sicherheit. Drei Tage lang bin ich im Treck mit Tausenden von Zivilisten gelaufen. Die Menschen waren vor den Amis auf der Flucht, sie hatten alles stehen und liegen gelassen und nur das mitgenommen, was sie auf dem Fahrrad oder der Schubkarre transportieren konnten. Denen hab ich immer wieder gesagt: »Menschenskinder, bleibt doch zu Hause! Die Amis tun euch nix – die sind froh, wenn ihr ihnen nix tut.«

Und dann kamen wir nicht über den Rhein. Alle Brücken waren gesprengt, die Zustände chaotisch, und alles hat sich gestaut. Da haben die Landser zwanzig Kilometer nördlich von Remagen Holzbohlen über eine kaputte Brücke gelegt, damit wenigstens das Fußvolk rüberkam.

Es hat Tage gedauert, bis wir auf der anderen Seite waren.

Dann sind der Jupp und ich zu Fuß den ganzen Rhein runter, immer nach Süden, wochenlang, weil wir zum Bodensee wollten, und zwischendurch haben wir immer ein Lazarett aufgesucht, wo sie mir neue Salbe draufgemacht und einen frischen Verband angelegt haben. Mein Kumpel hatte bloß ein Ekzem am Fuß; das musste aber auch jeden Tag behandelt werden. Und überall, wo's uns gefiel, sind wir ein paar Tage geblieben.

Einmal saßen wir zur Mittagszeit in einem Chausseegraben an der Landstraße und aßen unser letztes Butterbrot, bei Schwäbisch Hall war das, da kam einer mit einem Jauchewagen vorbei, der humpelte noch aus dem ersten Krieg. Er humpelte, wir humpelten, das fanden wir komisch, da haben wir ihn veräppelt. Hinterher haben wir uns umgeschaut, weit und breit kein Dorf, bloß drei, vier große Höfe – also nichts wie hin, vielleicht war da was zu holen.

Wir haben am ersten Hof geklopft, da saßen sie zu zwanzig Mann beim Mittagessen: der Ortsbauernführer mit seinen polnischen Zwangsarbeitern. Der wollte uns nichts abgeben, aber hinterher kommt er an und nimmt uns mit zu seinem Nachbarn: Da steht der humpelnde Bauer von der Landstraße vor uns! Der ist uns aber nicht böse.

»Frau!«, ruft er nach hinten. »Bring den Jungs hier was zu essen!«

Und dann hat diese Frau uns bewirtet … Nee, wenn ich daran denke! Was die uns aufgetischt hat, Bratkartoffeln und Speck und Braten – mir kam's vor, als wären wir im Paradies gelandet! Wir haben gar nicht alles geschafft …

»Kann man hier eventuell auch über Nacht bleiben?«

»Ja, wir haben oben ein Fremdenzimmer frei.«

Da fanden wir es das Beste, einstweilen nicht mehr weiterzuziehen.

Nach vierzehn Tagen passten wir in keinen Rock mehr. Immerzu hieß es:»Die armen Schweine kommen von der Front, die haben nicht genug zu essen gekriegt«, und am Ende bekam ich an meiner Jacke keinen Knopf mehr zu.

Auf demselben Hof wohnte eine junge Flüchtlingsfrau aus Oberhausen, die hatte eine vierzehnjährige Tochter, mit der bin ich über die Felder spaziert. Auch die Bauersleute hatten zwei Töchter, die mochten mich genauso gern, die haben gedacht, ich würde bleiben. Und ihre Mutter hat mir jeden Tag die Arme neu verbunden; es war ja immer noch keine Haut drauf, nur gebratenes Fleisch. Ich hab mich gewehrt:»Es reicht doch alle drei, vier Tage«, aber nein, sie wollte mich täglich verbinden. Dann hat der Jupp jeder Tochter ein Kostüm genäht, und vielleicht hätten wir wirklich noch ein paar Wochen drangehängt, aber eines Tages marschierte ein Trupp SS vorbei, ganz junge Burschen, die den Ami aufhalten sollten, und da wurde mir mulmig.

»Jupp«, hab ich gesagt,»die können uns wegen Fahnenflucht an die Wand stellen, wir müssen hier weg.«

Und so sind wir weitergezogen, Richtung Bodensee, immer zwei Tage auf Achse und ein, zwei Tage Pause. Jupps Fuß war inzwischen geheilt, aber wenn Leute in der Nähe waren, hat er wieder gehumpelt. Anfang März hatten wir den Bodensee endlich erreicht. In Bregenz, auf der österreichischen Seite, gab es für mich einen Platz im Lazarett und endlich neue Schuhe, und zwei Monate später war der Krieg nicht nur für mich aus, sondern für alle.

2017

ELISABETH II.

Carlos ist ein Ausreißer, man kann es nicht anders sagen. Er hat die Sesshaftigkeit nicht erfunden, er gehört auf die Straße, ins Freie, unter Leute, dahin, wo er noch nie war, oder dahin, wo er schon hundertmal war – alles besser, als zu Hause zu sitzen. Ist es Bewegungsdrang, Reiselust, Fernweh? Irgendetwas jedenfalls, das offenbar schon seit frühester Jugend in ihm steckt. Das ursprünglich auch seine Berufswahl bestimmt hat.

Er kommt ja von der Fliegerei, wie er bei jeder Gelegenheit betont. Schon als Kind, erzählt er, habe er jedem Flugzeug am Himmel so lange nachgeschaut, bis es sich in den Wolken verlor. Das macht er heute noch. Auf unserer großen Reise zum Beispiel hat er während der Fahrt immer wieder Flugzeuge am Himmel entdeckt, auch da, wo für mich keine waren. Aber wie weit hat er damals seine Liebe zur Fliegerei getrieben?

Nach allem, was ich inzwischen weiß, hat er gleich nach der Schule, 1941, eine Ausbildung zum Flugzeugmonteur auf einem Militärflughafen bei Stralsund begonnen. Da Krieg war, gab es viel zu tun – Löcher stopfen, wie er es nennt, an Jagdflugzeugen und Transportmaschinen. Schon mit fünfzehn Jahren will er eine ME 34, ein »lahmes, einmotoriges Flugzeug« selbst geflogen und sich dabei einige tollkühne Dinger geleistet haben. Jedenfalls hat er das Fliegen angeblich schnell gelernt; mir ist allerdings nicht bekannt, dass er je einen Kriegseinsatz als Pilot geflogen wäre. Ganz sicher aber hätte er das Fliegen zu seinem Lebensinhalt gemacht, wenn ihn die Ereignisse nach Kriegsende nicht vom vorgezeichneten Weg abgebracht hätten.

Gut, hinterher waren es Autos, denen seine Leidenschaft galt, tolle Autos, schicke Autos, Sportwagen und Coupés vor allem. Einige alte Schwarz-Weiß-Fotos in seinem Wohnzimmer beweisen seinen extravaganten Geschmack auf diesem Gebiet. Eines zeigt ihn mit seinem Borgward Isabella Coupé an einem Strand irgendwo im Süden, das Stoffverdeck zusammengefaltet, das weiße Lenkrad noch angeschnitten im Bild und Carlos mit sturmzerzaustem Haar im offenen, geblümten Sommerhemd und kurzer Hose halb darübergebeugt, als wolle er die Besitzverhältnisse klarmachen – Das ist mein Auto! –, aufgenommen vermutlich 1956. Nicht viel jüngeren Datums dürfte das Foto sein, das ihn neben seinem Austin Healy 3000 zeigt, einem der eindrucksvollsten englischen Sportwagen jener Zeit. Spätestens fünf Jahre nach seiner Rückkehr nach Deutschland muss Carlos also bereits so gut im Geschäft gewesen sein, dass er sich fast jeden Autowunsch erfüllen konnte.

Aber es dürfen auch Schiffe sein. Jetzt, im Januar 2017, fahren wir wieder einmal durch Düsseldorf, wo an vielen Plakatwänden unübersehbar für die Bootsmesse geworben wird. »Da war ich vor ein paar Jahren«, bemerkt er im Vorbeifahren, »da könnte ich mal wieder hin.«

Wenige Tage später laufen wir über die *Boot*, Carlos im Anzug mit Stock, Elisabeth in Rock und Bluse mit ihrem Longchamp-Täschchen. Vor einer großen Jacht hat sich eine Menschentraube gebildet, auch Carlos bleibt stehen.

»Was kostet denn der Spaß hier?«

Ich: »Vier Komma drei Millionen Euro.«

»Lachhaft«, sagt er und wendet sich ab. »Ist mir zu billig.«
Die Leute drehen sich zu ihm um, Elisabeth ruft ihn halblaut zur Ordnung, aber »Verlegenheit« kommt in Carlos' Wortschatz so wenig vor wie »Peinlichkeit«. Er hat sich bestimmt nie viel aus der Meinung anderer Leute gemacht und heute darf man erst recht über ihn denken, was man will. Ich muss sagen, dass ich ihn um seine Unbefangenheit beneide.

Anschließend essen wir in der Schnellenburg mit Blick auf den Rhein zu Abend. Etwas vornehmer darf es für die beiden schon sein, das Ambiente eines Lokals wird durchaus auf Elisabeths Longchamp-Täschchen abgestimmt, und wie das Café Heinemann fällt auch die Schnellenburg für sie in die Kategorie »angemessen«. Jedenfalls sind die beiden auch hier ein vertrauter Anblick, und jetzt geht es wieder los: Elisabeth übernimmt die Regie und ordert für mich, was die Speisekarte an Süppchen, Hauptgerichten und Nachspeisen hergibt. Wie bei jedem Restaurantbesuch bestimmt Elisabeth auch heute, wann ich satt bin, weil sie den Gedanken nicht erträgt, der Junge könnte hinterher mit knurrendem Magen an den Kühlschrank gehen müssen. Und jetzt ist ein Wort zu Elisabeth fällig.

Carlos und sie sind nicht miteinander verheiratet, aber seit fünf Jahren ein Paar. Das heißt, sie haben nach dem Tod von Carlos' erster Ehefrau zusammengefunden, mit der er über fünfzig Jahre lang verheiratet war. Der Übergang von der einen zur anderen war für ihn übrigens nicht mit einem Namenswechsel verbunden, denn auch seine Ehefrau hieß Elisabeth – sie war Elisabeth I., wenn man so will. Und Elisabeth II. war für ihn insofern das Nächstliegende, als sie ein Stockwerk über ihm wohnte, was sie derzeit immer noch tut – in jenem Haus, das Carlos in den Sechzigerjahren gekauft hat. Man war also seit Langem miteinander bekannt, und Carlos wird gewusst haben, dass er bei Elisabeth II. mit derselben Unternehmungslust rechnen durfte, die schon Elisabeth I. an den Tag gelegt hatte.

Ich habe seine Ehefrau nicht mehr kennengelernt, weiß aber aus Erzählungen, dass Carlos mit ihr ausgedehnte Reisen durch Europa unternommen hat. Schon wegen seines Alters waren solche Fernreisen mit Elisabeth II. nicht mehr möglich, aber auf Achse sind die beiden trotzdem ständig. Entweder unternehmen sie Tagesausflüge in die Eifel und an die holländische Grenze, mit Elisabeth am Steuer, oder sie machen des Nachts die Stadt unsicher. Wie oft kommt es vor, dass ich sie abends um halb elf in Düsseldorf anrufe, und keiner geht dran. Gegen Mitternacht klingelt dann bei mir das Telefon, und Elisabeth entschuldigt sich: »Wir sind gerade durch die Tür gekommen. Wir waren was essen, und dann mussten wir noch nach Hause fahren …« Die eigene Küche ist nämlich definitiv nicht Elisabeths Welt. Sie kocht genau einmal im Jahr selbst, an Heiligabend, die übrigen dreihundertvierundsechzig Tage steht ihr Herd ungenutzt herum, mit Zeitungsstapeln und anderem Kram bepackt; man würde fünf Minuten brauchen, um ihn freizuschaufeln. Nein, die Herrschaften gehen essen, wenn's sein muss, fünfmal die Woche.

Ja, Señor Carlos will bei Laune gehalten werden, aber auch Elisabeth lässt sich nicht zweimal bitten. Ein bisschen was geht jedenfalls immer, und wenn es der sonntägliche Bummel über den Nordfriedhof ist, um sämtliche Gräber verstorbener Bekannter und Verwandter abzuklappern. Am Samstagvormittag allerdings trennen sich ihre Wege. Dann kommt Elisabeth für zwei Stunden bei ihrem Friseur zur Ruhe, und während der ihr die Haare färbt und legt und föhnt, ist Carlos dazu verdonnert, ziellos in den Straßen herumzuspazieren. Danach geht's im gewohnten Stil weiter.

Ich weiß, es hört sich seltsam an, aber irgendwie fühle ich mich für die beiden verantwortlich. Eigentlich kommt Carlos ja gut zurecht, und Elisabeth ist in Düsseldorf sowieso bestens aufgehoben, trotzdem … Bin ich übertrieben fürsorglich? Womöglich. Zumindest mache ich es den Leuten gerne recht. Aber man könnte es auch so sehen:

Was ich da treibe, ist für jemanden meines Alters eher ungewöhnlich. Die Rolle, die ich für Carlos (und auch Elisabeth) spiele, ist eigentlich nicht vorgesehen. Für diese Freundschaft gibt es sozusagen kein Vorbild, ich kenne jedenfalls keins, und das heißt: Ich muss sie täglich neu erfinden, diese Freundschaft. Einerseits ist das leicht, weil wir uns wunderbar ergänzen: Ich kann meine Jugend in die Waagschale werfen, meine frische Energie, meine Vertrautheit mit der modernen Welt, alles Dinge, von denen Carlos nur noch träumen kann. Er hat mir andererseits dreiundsiebzig Jahre Lebenserfahrung voraus, das entsprechende Selbstvertrauen, die Abenteuerlust und nicht zuletzt auch die Finanzkraft. Nicht nur, dass er mich ständig einlädt – aus seiner Großzügigkeit gibt es fast kein Entkommen, und bis heute kann es passieren, dass er mich für eine kleine Gefälligkeit entlohnen will. Kurz gesagt: Ich habe, was er nicht hat, und er hat, was ich nicht habe; so profitiert einer vom anderen.

Trotzdem bin ich unsicher. Trotzdem habe ich manchmal das Gefühl, mein Beitrag sei kleiner als seiner. Und da mir Carlos außerdem ans Herz gewachsen ist, schaue ich auf dem Rückweg von der Schule jeden Tag wenigstens kurz bei ihm vorbei und rufe ihn spät abends noch mal an. Ich will sicher sein, dass es ihm gut geht, und halb elf ist ihm die liebste Zeit.

Von meinem Fenster aus kann ich erkennen, ob Licht in seiner Küche brennt, dann ist er zu Hause, dann wähle ich seine Nummer. Wenn er nicht antwortet, telefoniert er vermutlich gerade mit Elisabeth, oder er ist im Fernsehsessel eingenickt, aber fast immer meldet er sich wenig später dann von sich aus bei mir mit einem leicht verschlafenen »*Buenas tardes*«.

CARLOS ERINNERT SICH (IV)

Ich kenn die Welt. Ich war überall. Ich hab alles mitgenommen, was ich kriegen konnte. Ich hab mir auch alles angeguckt. Am Nordpol war ich. Hab mir wunders was darunter vorgestellt. Aber dann … In Anchorage geh ich in ein großes Kaufhaus, und in diesem Kaufhaus steht eine Säule, etwas über einen Meter hoch – das ist der Nordpol! Steht mitten im Laden und ist der Nordpol!

Ich war in Nordamerika, ich war in Südamerika, ich war in Asien. Das Einzige, wo ich nicht war, sind Afrika und Australien. Aber durch meine Autovertretung bin ich nach Japan und nach Malaysia gekommen, da war ich geschäftlich unterwegs. Ich war sogar da, wo die erste Atombombe gefallen ist.

Mit den Japanern bin ich gut zurechtgekommen; sehr höfliche Leute, sehr freundlich, sehr hilfsbereit. Damals gab es nur wenige Deutsche, die nach Japan fuhren, und uns haben sie wie die Götter aufgenommen und uns jeden Wunsch erfüllt.

Ich hab auch mit meiner Frau große Reisen gemacht. Europa kenn ich in- und auswendig. Einmal waren wir wochenlang unterwegs, um halb Europa herum. Am Bodensee angefangen, von dort durch Norditalien nach Frankreich, dann bis nach Gibraltar runter und die portugiesische Küste wieder hoch.

Wir kommen nach Galizien, es ist gerade Samstag, herrlicher Sonnenschein, aber nicht zu heiß, und in Santiago de Compostela sind viele Leute auf dem Platz. Sag ich zu meiner Frau: »Weißt du was? Hier bleiben wir einen Tag.«

Da ruft jemand von hinten: »Carlos!« War das einer von meinen zwei Spaniern aus Düsseldorf, der gerade seine Eltern in Santiago besuchte! Und plötzlich taucht eine ganze Gruppe von Spaniern aus Düsseldorf auf, die hier alle gerade Urlaub machen.

Hinterher standen sechs, sieben von ihnen um mich herum, und das Ende vom Lied war: Sie haben uns in alle Bars geführt, und wir durften nichts bezahlen!

Ja, ich bin in der Welt rumgereist.

BÖSE ÜBERRASCHUNG

Gerade mal ein Jahr soll es her sein, dass ich Carlos kennengelernt habe? Unfassbar. Mit keinem anderen Menschen habe ich in so kurzer Zeit so viel unternommen. Aber wenn ich gedacht habe, unsere Performance sei nicht mehr steigerungsfähig, habe ich mich getäuscht.

Eines Tages sagt Carlos zu mir: »Ich habe einen Bekannten auf der anderen Rheinseite. Der hat noch ein Auto von mir.«

»Was, noch ein Auto?«

»Ja.«

Und? Aha, Carlos hat sich plötzlich in den Kopf gesetzt, dieses Auto zu verkaufen. Er telefoniert, der Mann bringt den Wagen vorbei, und siehe da, es handelt sich um einen Mazda 929 Coupé, knapp doppelt so alt wie ich! Das Flaggschiff der Mazda-Flotte, ausgefallenes Design, versenkbare Scheinwerfer und ein riesiges, geschwungenes Armaturenbrett mit sage und schreibe sechs Rundinstrumenten – leider ziemlich ramponiert.

Ich reibe mir die Hände und mache mich an die Arbeit. Das Schmuckstück wird auf Vordermann gebracht und dann dem Oldtimer-Park auf seinem Grundstück eingegliedert, aber zur Straßenseite hin, für Passanten und vorbeikommende Autofahrer gut sichtbar. Carlos stöbert in seiner berüchtigten Halle ein altes Zu-verkaufen-Schild auf, das kommt hinter die Windschutzscheibe, und ich biete den Wagen im Internet an.

Zu welchem Preis wollen wir ihn abgeben? Es kommt zu heißen Diskussionen, weil Carlos' Vorstellungen ins Fantastische gehen, ihm schwebt das Doppelte des Marktpreises vor. Am Ende geht er um zweitausendfünfhundert Euro von seinem Wunschpreis runter – und wird hinterher noch monatelang erzählen, der Obergartendirektor habe sein Auto quasi verschenkt. Tatsache ist: Ein Mann aus Pinneberg erwirbt das in die Jahre gekommene Prachtstück, und mit den zehn Prozent, die Carlos mir vom Erlös zubilligt, bin ich gleich um vierhundert Euro reicher.

Unser erstes gemeinsames Geschäft! Ich bin dermaßen stolz, dass ich mir jetzt auch eine noch größere Unternehmung zutraue: Ich mache eine Firma in Mönchengladbach ausfindig, die alle vier Autos mit einem Kran aus seinem Garten holen und mitnehmen würde. Dabei würden für Carlos sogar noch tausend Euro rausspringen, aber nix da! Er möchte auf keinen Fall von diesen bemoosten Blechkisten befreit werden. »Für eine einzige Wagentür würde ich schon hundert Euro kriegen!« Thema beendet, Oldtimerpark gerettet.

Im Sommer 2017 werde ich mein Abi machen. Ich muss an meine Zukunft denken, bewerbe mich bei der Allianz und werde im Frühjahr zu einem Vorstellungsgespräch nach Köln eingeladen, elf Uhr vormittags im Mediapark. Wer begleitet mich? Meine Eltern müssen arbeiten. Köln ist eigentlich nicht Carlos' Welt, aber ich kann's ja mal probieren.

»Carlos, hättest du Lust …?«

»Ja. Hauptsache, ich komm mal raus.«

Wir müssen früh los, Köln ist doch noch ein Stückchen weiter als Düsseldorf. Um acht Uhr rufe ich ihn an und keiner geht dran. Ich laufe rüber und klopfe bei ihm, er öffnet die Haustür im Schlafanzug. Ausnahmsweise beeilt er sich diesmal und wir fahren los, im himmelblauen Panda meiner Oma. Ich bin aufgeregt. Köln ist verkehrstechnisch wahrscheinlich nicht einfach. Trotzdem, rechtzeitig geschafft. Wo kann ich parken? In der Tiefgarage des Mediaparks. Was mache ich mit Carlos? Aha, es gibt ein Vapiano ganz in der Nähe, da bringe ich ihn hin, bestelle ihm eine Apfelschorle und einen Kaffee und bezahle auch gleich im Voraus.

»Carlos, bleib bitte hier sitzen. Ich hole dich später ab.«

»*Si, señor. Hasta luego.*«

Dann das Bewerbungsgespräch:

»Herr Kroker, haben Sie gut hergefunden?«

»Ja, mithilfe eines Neunzigjährigen.«

»Ach, mit Ihrem Opa?«

»Nein, einem Nachbarn …«

Wir reden anderthalb Stunden, dann renne ich rüber zu Vapiano. Es ist rappelvoll, aber wo ist Carlos? Das gibt's doch nicht! Weit und breit nichts von ihm zu sehen – kein weißer Stock, kein weißes Haarbüschel. Zum Glück hat er zu dieser Zeit noch sein Handy, aber das heißt nichts. Für Carlos ist das Ding bekanntlich ein undurchschaubarer und ungeliebter Fremdkörper, und als ich ihn jetzt anrufe, geht er tatsächlich nicht dran. Ich kriege zu viel. Schließlich kommt doch ein Telefonat zustande. »Kannst du mir bitte sagen, wo du jetzt bist?«

Kurze und bündige Antwort: »Mir war langweilig. Ich hab mir den Dom angeguckt.«

Also muss er sich in knapp zwei Kilometern Entfernung befinden. »Frag irgendwen nach dem Straßennamen, damit ich dich über Google Maps orten kann.«

Gut, das klappt. Mit etwas Glück gabele ich ihn im Menschengewimmel in Nähe der Domplatte auf, wir fahren zurück nach Düsseldorf, treffen uns mit Elisabeth und kehren abends nach Emmerich zurück.

Manchmal würde ich lieber einen Sack Flöhe hüten.

Im selben Frühjahr ziehe ich mir beim Fußballspielen einen Kreuzbandriss zu und muss operiert werden. Carlos ruft mich im Krankenhaus an: »Wir schaffen es nicht. Wir können dich doch nicht besuchen.« Einer von seinen Scherzen, denn wenig später geht die Tür auf und sie kommen fröhlich in mein Zimmer spaziert, Elisabeth im Rock mit Täschchen, er mit seinem Stock. Später brauche ich eine Zeit lang Krücken, kann deswegen nach den Schulstunden nicht viel unternehmen und halte mich oft bei Carlos auf. Als ich nach sechs Wochen wieder laufen kann, setzen wir uns sofort in seinen Proton und fahren los, einfach irgendwohin.

Und dann der Schock. An einem Tag im Juni sucht Elisabeth ihren Hausarzt auf und klingt bei ihrem abendlichen Anruf anders als sonst, unverkennbar traurig: »Irgendwas stimmt bei mir nicht.« Zwei Tage später kommt die Diagnose: Sie hat Darmkrebs und er hat schon gestreut; an eine Operation ist nicht mehr zu denken.

Carlos scheint den Ernst der Lage nicht zu begreifen. »Krebs?«, meint er. »Ein paar Tabletten, und weiter geht's.«

Doch statt Tabletten gibt's Chemotherapie. Ich würde nicht sagen, dass Carlos in dieser Anfangszeit rücksichtslos handelt, aber er scheint die Krankheit zu unterschätzen und fährt weiterhin mit Elisabeth durch die Gegend, mitunter zweihundert Kilometer am Tag – und sie lässt sich auch jetzt noch nicht lumpen, sie macht wie eh und je mit.

Bewundernswert, aber so kenne ich sie. Seit ich bei Carlos ein und aus gehe, hat sie ganze vier Mal bei ihm geschlafen. Als eingefleischte Düsseldorferin kann sie sich kaum etwas Schlimmeres als eine Nacht in Emmerich vorstellen, also klettert sie auch spätabends noch ins Auto, weit nach Einbruch der Dunkelheit, setzt sich ihre Brille auf und gibt Gas; fünf Minuten später ist sie auf der Autobahn und anderthalb Stunden später endlich wieder daheim. Und diesem unverwüstlichen Menschen soll jetzt das Ende drohen?

Nicht nur für Carlos ist das unfassbar.

CARLOS UND DIE SCHLACHT IM HÜRTGENWALD

In diesem Sommer nutzt Carlos die warmen Tage und rekelt sich hinterm Haus mit nacktem Oberkörper in der Sonne, als hätte er noch nie was von Sonnenbrand gehört. Unsere Fahrten nach Düsseldorf sind seltener geworden, weil Elisabeth regelmäßig zur Chemotherapie ins Krankenhaus muss, und Carlos wird allmählich ungeduldig. Eines Tages sagt er zu mir: »Lass uns einen Ausflug machen.«

»Und wohin?«

»In die Eifel.«

Ich gebe zu bedenken, dass die Eifel ein ordentliches Stück weit weg ist.

»Fünfzig Kilometer«, knurrt er.

»Ja, vielleicht von Düsseldorf aus. Aber nicht von Emmerich.«

Doch wie immer weiß Carlos Rat: »Dann müssen wir eben früh losfahren.«

Da haben wir's wieder. Hundertfünfzig Kilometer schüchtern Carlos nicht ein, dreihundert Kilometer auch nicht. Er sitzt nun mal lieber auf dem Beifahrersitz eines Autos als vor dem Fernseher, und jetzt, wo Elisabeth ihn immer seltener von den Qualen der Sesshaftigkeit erlöst, muss ich eben noch häufiger ran.

Gut, fahren wir in die Eifel. Es ist unsere erste Reise in seine Vergangenheit. Schon unterwegs erzählt Carlos von den Kampfhandlungen, an denen er beteiligt war. Der Vorfall mit der Phosphorgranate, die ihn in Flammen gesetzt hat, muss weiter südlich passiert sein, aber offenbar war er auch in die Kämpfe im Hürtgenwald zwei Monate zuvor verwickelt. Wenn ich die Bruchstücke seiner Erzählungen richtig zusammensetze, ergibt sich folgendes Bild:

Anfang 1944 wird er in Frankreich eingesetzt. Im Juni erlebt er die Invasion in der Normandie und macht die Rückzugsgefechte der deutschen Truppen mit. Womöglich rührt seine tief sitzende Abneigung gegen die englische Sprache daher, denn die Amerikaner richten in seinem geliebten Frankreich auf ihrem Vormarsch beträchtliche Zerstörungen an. Das Ganze gipfelt dann im November in den erbitterten Kämpfen im Hürtgenwald, die Zehntausende von Soldaten, amerikanische wie deutsche, das Leben kosten. Carlos überlebt und gehört anschließend im Dezember zum letzten Aufgebot in Losheimergraben, für ihn die allerletzte Station. Aber auch in dieser Ecke hier, zwischen Nideggen, Monschau und Schleiden, hat er offenbar gekämpft.

Neue Geschichten, während wir durch Düren fahren und das Museum Hürtgenwald in Vossenack ansteuern: Carlos liegt dort draußen irgendwo mit seinem Kameraden Heinz auf einem Beobachtungsposten. Heinz bittet ihn, warum auch immer, die Plätze zu tauschen. Carlos geht darauf ein, und zehn Minuten später ist Heinz tot, von einer Kugel getroffen … Und weiter: Carlos übernachtet häufig in den Bunkern des Westwalls, der sich durch den Hürtgenwald zieht. Einmal müssen seine Kameraden ihn raustragen, weil er im Schlaf nicht mitbekommen hat, dass der Bunker getroffen wurde, und einfach weitergepennt hat. Bis heute sagt er: »Mein Schlaf ist super.«

Wir erreichen Vossenack und halten vor dem Weltkriegsmuseum an. Es ist ein kleines Museum und angesichts der Hölle, die sich hier 1944 zugetragen hat, mit seiner Sammlung von deutschem und amerikanischem Kriegsgerät und seinen alten Fotos eher beschaulich. Während der Fahrt hat Carlos mehrfach bemerkt, dass sich in der Gegend alles verändert habe, aber hier, auf diesen Fotos, erkennt er die eine oder andere Ortschaft wieder; wahrscheinlich hat er sie genauso zerstört erlebt, wie sie dort abgebildet sind. Mir wird klar, dass ich jetzt in genau dem Alter bin, in dem Carlos war, als er im Hürtgenwald gekämpft hat. Ein schauerlicher Gedanke, mit siebzehn Jahren in mörderische Kriegshandlungen hineingezogen zu werden und jeden Augenblick den Tod vor Augen zu haben. Wenn Carlos erzählt, ist das Grauen allerdings nur gedämpft spürbar, weil er das seltene Talent hat, selbst von den furchtbarsten Erlebnissen nicht viel Aufhebens zu machen. Den Rest muss man sich denken.

Hinterher nehmen wir in Einruhr am Rursee etwas zu uns und treffen schließlich nach mehr als zwölf Stunden wieder in Emmerich ein. Und solche Gewalttouren sind keine Seltenheit. Vierhundert Kilometer am Tag, das ist ganz nach Carlos' Geschmack; auch Elisabeth hätte früher nichts dagegen gehabt. Carlos jedenfalls könnte solche Ausflüge jeden

Tag machen, und auch das gefällt mir an ihm so außerordentlich gut. Andere alte Menschen, die man kennt, sind in ihrem
Wohnort, ihrem Viertel verwurzelt und können sich nicht
mehr losreißen, aber der hier? Keine Spur von Müdigkeit.
Keine Spur von ruhigem Lebensabend. Da gibt es immer
noch die Lust auf den kommenden Tag, die Sehnsucht nach
fernen Zielen. Er meint zwar, schon alles gesehen zu haben,
gibt sich damit aber nicht zufrieden und freut sich auf ein
zweites, ein drittes Mal.

Einen persönlichen Freudentag erlebe ich im August. Vier
Jahre zuvor habe ich von einem Motorroller geträumt, seit
einiger Zeit träume ich von einem eigenen Auto, und jetzt ist
es so weit: Vor meiner Tür steht ein elf Jahre altes Merce-
des-Coupé der C-Klasse. Carlos hatte mitbekommen, dass
der Autokauf bevorsteht, und wollte mir was dazutun.

»Nein, brauchst du nicht.«

»Doch, halt die Klappe.«

Gut, der Klügere gibt nach. Als ich ihm später den Zu-
schuss zurückzahlen will, akzeptiert er die Hälfte, schenkt
mir ein Viertel und wünscht sich, dass ich das andere Viertel
bei ihm abarbeite. Okay, alter Mann. Wird gemacht!

Zu meinem achtzehnten Geburtstag kann Elisabeth nicht
kommen. Wenn ich sie in Düsseldorf besuche, sieht sie aufge-
dunsen aus. Ihr Haar dünnt aus. Die Friseurbesuche unter-
bleiben seit einiger Zeit. Das ausgedünnte Haar ist weiß geworden. In den Phasen, die sie zu Hause verbringt, ist Carlos
jetzt oft bei ihr. Eine traurige Zeit bricht an.

2018

CARLOS ERINNERT SICH (V)

In Bregenz hatte ich's gut getroffen. Im Lazarett haben sie meine Brandwunden versorgt, ansonsten durfte ich mich frei bewegen und am Bodensee spazieren gehen. Es sollte noch Monate dauern, bis meine Haut nachgewachsen war.

Essen konnte ich immerhin, trotz meiner verbundenen Hände, weil die Fingerspitzen rausguckten; die hatten nichts abgekriegt, weil ich meine Maschinenpistole umklammert hatte, als mich die Phosphorgranate traf. So weit, so gut.

Aber drei Wochen nach Kriegsende kamen französische Soldaten ins Lazarett. Obwohl der Krieg schon aus war! Da haben sie mich aus dem Lazarett geholt, und nicht nur mich allein, sondern alles, was Beine hatte und laufen konnte, damit sie auf eine hohe Zahl von Kriegsgefangenen kamen. Bis dahin hatte mich keiner gefangen genommen, aber jetzt auf einmal, in Friedenszeiten! Das nehme ich den Franzosen wirklich übel – dass sie mich nach Kriegsende aus einem Lazarett geholt und mitgenommen haben.

So kam ich nach Frankreich. Als Erstes haben sie mich dort wieder ins Lazarett gesteckt und meine Wunden versorgt. Hinterher haben sie mich in ein Kriegsgefangenenlager verlegt, ganz in der Nähe von Nantes an der Loire, und ein paar Monate festgehalten. Wenn wir wenigstens Arbeit gehabt hätten! Aber wir haben nur rumgelegen, und eines Tages hab ich gesagt: »Können wir denn nicht irgendwas tun?«

»Nee«, haben sie gesagt. »Dann geht ihr nur stiften.«

Darauf ich:»Ich will doch bloß aus dem Lager raus, um zu arbeiten. Ich will auch nix dafür haben.«

Eines Tages kamen Franzosen, die Arbeitskräfte suchten. Mich hat der Knecht eines Winzers ausgesucht.»Mit dem Alten«, hat er gesagt,»wirst du schon zurechtkommen.« Es war ein riesiges Weingut. Der Besitzer war der größte Winzer der ganzen Region. Er konnte ein bisschen Deutsch, weil er im Ersten Weltkrieg zwei Jahre in deutscher Kriegsgefangenschaft gewesen war. Auch von seinen Leuten sprachen einige Deutsch, und selbst im Dorf gab es nicht wenige, die nicht nur Deutsch konnten, sondern ausgesprochen nett zu uns waren; wenn uns einer dumm kam, gingen sie gleich dazwischen.

Im Gesindetrakt des Weinguts bekam ich eine Wohnung für mich allein, gar nicht weit von dem Schlösschen entfernt, wo der Besitzer mit seiner Tochter, seinem Schwiegersohn und einem Dienstmädchen wohnte. Dieses Dienstmädchen brachte mir dreimal am Tag das Essen. Außerdem hatte ich völlige Bewegungsfreiheit, ich durfte kommen und gehen, wann ich wollte.

Eingesetzt wurde ich im Weinberg. Es war gerade die Zeit der Weinlese, aber ich bin kaum zum Arbeiten gekommen. Wenn der Alte mich sah, hat er immer gesagt:»*Doucement, doucement.*« Ich sollte lieber andere arbeiten lassen. Der hat mich geschont, der hat mich auch mit Essen und Wein vollgestopft. Bei den Festen saß der Alte immer am Kopfende, und ich musste mich neben ihn setzen; alle anderen reihten sich links und rechts von uns auf. Die besten Stücke hat er mir rübergeschoben. Als ich zu ihm kam, war ich aber auch nur Haut und Knochen gewesen.

Seinen Wein lagerte der Alte in einer großen Festungsanlage an einem See, in Hunderten von Fässern. Am Ende der Weinlese hat er alle Pflücker dahin eingeladen, mit anderen Worten: das halbe Dorf, und dann wurde an langen Tischen gefeiert. Bei einer dieser Feiern kam ich zu spät und musste mich mitten zwischen die Leute setzen. Mir gegenüber saß eine schöne Französin, die mich die ganze Zeit anlächelte. Ich konnte einigermaßen Französisch reden, aber ihre Antworten hab ich kaum verstanden. Am Ende, als alle wegfuhren, kam sie zu mir und hat sich persönlich von mir verabschiedet – in fließendem Deutsch! Sie hatte während der Besatzungszeit in einem deutschen Offizierskasino gearbeitet, als Dolmetscherin.

Bei diesem Winzer hat's mir gefallen. Trotzdem wollte ich wieder nach Hause, es war nämlich schon das Frühjahr 1947. Außerdem war ich so fett geworden, dass ich nicht mehr in meine Uniform passte. Aber der Alte wollte mich nicht gehen lassen.

»Du sollst alles erben«, meinte er zu mir.

Aber ich war nicht interessiert. »Nee«, sag ich. »Was soll ich als Deutscher zwischen all den Franzosen?« Obwohl mich alle mochten, vor allem die Damenwelt.

Also hab ich mich nur kurz verabschiedet und bin weg. Er hat mir Proviant und Geld gegeben, aber wegen der Entlassungspapiere musste ich vorher noch ins Lager zurück. Nur – da hatte ich mich getäuscht. Sie wollten mich nicht gehen lassen. Ab da durfte ich nur noch zum Arbeiten raus, beim Straßenbau Rohre verlegen und Telegrafenmasten setzen. Aber sie haben uns nicht streng bewacht. Da gab es Wachmannschaften, die sprachen gut Deutsch, weil sie in deutscher Kriegsgefangenschaft gewesen waren. Die sagten zu mir: »Was willst du überhaupt noch hier? Der Krieg ist lange vorbei. Die Arbeit hier können wir Franzosen selbst machen, du gehörst nach Deutschland.« Die waren bereit, ein Auge zuzudrücken.

Daraufhin hab ich mir die Gegend angeguckt. Irgendwann hab ich zu einem Kumpel gesagt: »Ich hau ab. Kommst du mit?«

»Nee«, sagt er. »Wir sind hier mitten in Frankreich, die greifen uns auf.«

»Ist mir scheißegal«, hab ich gesagt und mich während der

Arbeitszeit allein aus dem Staub gemacht. Bin einfach weggelaufen.

Nein, über die Franzosen kann ich nichts Schlechtes sagen. Die haben mir geholfen, wo sie konnten. Geschnappt haben sie mich trotzdem, bei einer Kontrolle drei Tage später, auf der Landstraße. Ich hatte ja keine Papiere dabei, außerdem sah man mir den Ausbrecher an der Uniform an. Damit war meine Flucht zu Ende und ich kam wieder in Lagerhaft. Aber diesmal nicht im Westen, sondern tief im Süden Frankreichs, noch weiter von Deutschland entfernt als Nantes.

SOLL ICH MEINEN LEBENSPLAN ÜBER DEN HAUFEN WERFEN?

2018 ging bei mir so ziemlich alles schief, was schiefgehen konnte. Bereits im Oktober 2017 hatte ich mein BWL-Studium aufgenommen. Für die nächsten drei Jahre wollte ich Betriebswirtschaftslehre mit Schwerpunkt Versicherungswesen studieren.

Es handelte sich um ein duales Studium, bestehend aus einem praktischen und einem theoretischen Teil. Den praktischen Teil sollte ich im Allianz-Büro in Emmerich absolvieren, insofern würden sich meine Lebensumstände nur unwesentlich ändern. Der theoretische Teil aber, das eigentliche Studium, sollte an der Hochschule in Mannheim stattfinden, was eine gewaltige Umstellung bedeuten würde. Nun ja, halb so wild, dachte ich, denn anfangs hieß es: drei Monate hier, drei Monate dort, immer im Wechsel, das ganze Studium hindurch. Dann jedoch trat eine neue Regelung in Kraft, und jetzt wurden im ersten Jahr aus den sechs Monaten Emmerich drei und aus den sechs Monaten Mannheim neun! Ich würde also kaum noch zu Hause sein, ich würde Carlos, ich würde meine restlichen Freunde, ich würde auch meine Familie nur noch selten sehen. Das klang schon anders.

Um es kurz zu machen: Es wurde eine Katastrophe. In Mannheim war ich von Anfang an unglücklich. Mit meinen Allianz-Kollegen dort verstand ich mich gut, aber ansonsten konnte ich mich mit gar nichts anfreunden: mit der Stadt nicht, mit meiner Studentenbude nicht, mit dem Lehrstoff nicht … na ja, einfach mit der ganzen Situation nicht.

Alle zwei Wochen fuhr ich nach Hause. Ich sah zu, dass ich auf dem Hin- oder Rückweg kurz in Düsseldorf bei Elisabeth reinschaute, wo Carlos jetzt noch häufiger als sonst anzutreffen war. Unter der Woche oder wenn Elisabeth ins Krankenhaus musste, saß er in Emmerich herum. Ich bat meine Eltern, hin und wieder nach ihm zu schauen. Er langweilte sich. An unsere gemeinsamen Spazierfahrten war selbstverständlich nicht mehr zu denken, und ich versauerte derweil in Mannheim.

Schlimmer noch: Ich fiel in ein Loch. Ich ging ein wie eine Primel. Ich magerte ab und hatte am Ende zehn Kilo verloren. Ich fühlte mich aus allem rausgerissen, aus meinem behüteten Elternhaus, aus meinem schönen Alltag mit Carlos und allen anderen Freunden, aus meiner Heimatstadt. Dass ich Emmerich vermisste, war die absurdeste Erfahrung, die ich in diesem Jahr machte. Hatte ich meinen Eltern nicht immer gesagt: Mit achtzehn bin ich weg? Hatte ich nicht getönt, Emmerich könne nur eine Übergangslösung sein, die Stadt sei definitiv zu klein für mich? »Wo willst du denn hin?« »Weg! Einfach nur weg.« Jetzt war ich weg, nur um zu merken: Ich wollte gar nicht. Jedes Mal, wenn ich am Wochenende von Mannheim kommend über die A3 fuhr und an der

Autobahn die blauen Hinweistafeln auftauchten, die die Ausfahrt Emmerich ankündigten, wurde mir leicht ums Herz. Endlich – wieder – zu Hause!

Carlos und ich telefonierten täglich, und es half ein bisschen, die vertraute Stimme mit den altbekannten Sprüchen zu hören:»Krieg dich wieder ein, Torben. Das Leben geht weiter.« Irgendwann fragte ich mich trotzdem, ob ich noch alle Tassen im Schrank hatte. Ein Gedanke drängte sich auf: Du musst deinen Lebensplan zerreißen! Diesen perfekten Plan, den du dir nach dem Abitur zurechtgelegt hast. Das Geld hatte dabei die Hauptrolle gespielt, danach hatte ich alles ausgerichtet, aber offenbar taugte der ganze Plan nichts. Womöglich war da sogar ein Fehler im System? Vielleicht sollte man sich überhaupt von allen zusammengebastelten Lebensplänen so schnell wie möglich verabschieden und sie durch Lebensträume ersetzen? Weil – ja, weil viele Wege zum Ziel führen und sich sogar die Ziele ändern können …

Irgendwann schleppte mich meine Mutter zu unserem Hausarzt. Der kannte die Familie und sagte:»Torben, du brauchst Hilfe.« Von nun an ging ich alle zwei Wochen zu einem Psychologen, der mich mental immer wieder so weit aufpäppelte, dass ich am nächsten Tag ins Auto steigen und nach Mannheim fahren konnte. Ich wollte eigentlich nicht mehr. Aber noch hielt ich durch.

Der Gedanke, das Studium abzubrechen, war mir früh gekommen. Die ersten drei Monate hatten mir schon gereicht. Im Frühjahr 2018 hätte ich Schluss machen müssen – und mein Versagen zugeben? Auf keinen Fall. Ich machte weiter, so lange, bis ich mir selbst einen Strich durch die Rechnung machte und durch die Prüfung fiel, einmal, zweimal, dreimal. Und selbst dann hätte ich die Kraft zum Aufgeben noch nicht gefunden, aber versemmelt ist nun mal versemmelt, mir fehlten wichtige Scheine. In dieser verfahrenen Situation rief mich meine Chefin nach Köln. Sie sagte: »Herr Kroker, wir finden eine Lösung.« Und diese Lösung bestand darin, ohne Studium als Auszubildender ins Emmericher Büro übernommen zu werden. Aufgelöst, wie ich war, stimmte ich sofort zu. Und damit: *Arrivederci*, Mannheim!

Ab Dezember war ich wieder zu Hause. Und es war trotzdem furchtbar. Es war nicht einmal eine Befreiung. Ich war grenzenlos enttäuscht von mir, ich sah mich als Versager, ich brauchte das Wort »Mannheim« nur zu hören, und schon sackte ich innerlich zusammen. Ein halbes Jahr lang ging ich weiterhin zu meinem Psychologen. Zum ersten Mal in meinem Leben war etwas richtig schiefgegangen. Ich musste mich von diesem Schlag nicht nur erholen, ich musste mein ganzes Denken umkrempeln, brauchte neue Denkanstöße, womöglich andere Ziele.

Und an diesem Punkt angekommen, kehrte ich schließlich wie von selbst in meinen so heftig vermissten Emmericher Alltag zurück. Die Freunde, der Sport, der Karneval – ein wunschloses Glück war das nicht, aber ein stabiles. In der letzten Sitzung mit meinem Psychologen hatte ich ihm nichts mehr zu sagen. Es war vorbei. »Na, Gott sei Dank«, meinte er.

Und Carlos? Kurz vor Weihnachten kommt er an und fragt mich: »Was soll ich Elisabeth diesmal schenken?«

Ich zucke die Schultern. »Das fragst du mich?«

Er scheint zu überlegen und meint dann: »Sag mal, sie hat doch immer diese kleine Tasche …« Und so kommt seine Freundin ein knappes Jahr vor ihrem Tod zu ihrer vierten Longchamp-Tasche. Exakt dasselbe Modell, aber diesmal in Grau, und, wie sich Heiligabend herausstellt, ein Volltreffer.

»Torben, ist die nicht schön?« Elisabeth ist begeistert.

Carlos seinerseits bekommt von mir eine Lupe und einen

Gutschein für die Fußpflege geschenkt. So viel zum Thema: Weihnachtsgeschenke für einen Zweiundneunzigjährigen.

CARLOS ERINNERT SICH (VI)

Diesmal kam ich also nach Südfrankreich. Das neue Lager lag bei der Stadt Pau. Da haben sie mich erst mal zur Strafe für drei Wochen in den Bau gesteckt. Als sie mich wieder rauslassen wollen, sag ich: »Kann ich noch ein paar Tage länger hier drinbleiben?«

Guckt der eine mich an und fragt: »Warum?«

»Ich geh nur raus«, sag ich, »wenn ihr mir neue Kleider gebt.«

Ich war nämlich immer noch so dick, dass mir nichts passte; der alte Weinbauer hatte mich regelrecht gemästet. Da haben sie mich neu eingekleidet.

Aber dieses Lager in Pau war nichts für mich. Ich bin auch nicht lange geblieben, ich wollte doch immer noch nach Deutschland zurück. Also bin ich mit einem Kumpel ausgerissen. Wir haben uns in Pau in einen Güterzug geschmuggelt, uns hinten in dem kleinen Bremserhäuschen verkrochen und sind quer durch Frankreich gefahren, direkt durch bis Paris. Auf der Reise hatten wir zwei Kanister dabei: in dem einen war Trinkwasser, in den anderen haben wir reingepinkelt. Eine notdürftige Ausstattung war das …

Auf dem Güterbahnhof in Paris wurden die Züge aber neu zusammengestellt. Die Waggons liefen die Ablaufbahn runter, einer nach dem anderen, und wurden dann über Weichen zu dem Zug dirigiert, für den sie bestimmt waren. Als unser Waggon an die Reihe kam, rollte er runter und rumste unten gegen den letzten Waggon des neuen Zugs. Der Aufprall war nicht stark, aber unsere Kanister sind trotzdem umgefallen; jetzt lief der Inhalt aus und tropfte durch die Bodenbretter runter. Aber da unten lag einer! Der verkuppelte gerade unseren Waggon und kriegte die Suppe ins Gesicht. Der Kerl sprang auf, rief noch einen zweiten dazu, die guckten im Bremserhäuschen nach, und da saßen wir. So haben sie uns erwischt.

Also wurden wir in Paris erst mal eingesperrt. Und dann ging's wieder in den Süden, ab ins nächste Lager, und zwar in Polizeibegleitung, und diesmal landete ich wirklich am äußersten südwestlichen Zipfel von Frankreich, in der Nähe von Biarritz. Weiter weg von Deutschland ging nicht mehr. Das ist der Ausbrecherkönig, werden sie sich gesagt haben, dem zeigen wir's.

2019

EIN ZWEITER MERCEDES MUSS HER

Die Notbremse zu ziehen war im Nachhinein das Beste, was ich tun konnte. Man stelle sich vor, ich hätte, wie vorgesehen, bis Herbst 2020 studiert – meine Europareise mit Carlos hätte nie stattgefunden! Ich hätte gar keine Zeit dafür gehabt, und wer weiß, in welcher Verfassung Carlos nach zwei einsamen Jahren in Emmerich gewesen wäre.

Das Jahr 2019 wird mit seiner eigenen Tragödie aufwarten, aber es beginnt für mich mit frischem Schwung. Und da von nun an häufiger von Autos die Rede sein wird, will ich an dieser Stelle gleich die letzten Zweifel an meinem Verhältnis zu Kraftfahrzeugen ausräumen: Ich fahre gern Auto. Ob es ein Vergnügen ist, hängt allerdings davon ab, wie die anderen fahren. Fahren sie gut und zügig, ist es ein Vergnügen.

Wenn die Alternative Zug oder Auto lautet, entscheide ich mich jedenfalls immer fürs Auto; das ist ein Tick von mir, den mir niemand ausreden und keiner wegtherapieren kann. Das Auto ist der Nachfolger des Pferds. Am Steuer sitzend, dominiere ich es, wie ich ein Pferd beherrsche. Ich bringe es dazu, meinem Willen zu gehorchen, ich mache es mir und meinen Launen gefügig, ich erlebe, mit anderen Worten, im Auto den höchsten Genuss meiner Freiheit. Vor hundertfünfzig Jahren wäre ich mit Carlos durch Europa geritten.

Wenn ich früher mit fünf Euro in der Tasche ein Spielwarengeschäft betrat, kam ich mit einem Siku-Auto wieder raus. Damit kehrte ich zu meinem Parcours im Kinderzimmer zurück, einem Teppich mit aufgedruckten Straßen. Auf diesem Teppich hatte alles seine Ordnung, und wehe, meine Mutter fuhr mit dem Staubsauger dazwischen – dann gab's ein Riesentheater. Auf meinem Parcours war nämlich jedes Auto einer Familie zugeordnet und der Standort der Fahrzeuge spiegelte den Tagesablauf in meiner Spielzeugwelt wider: Der eine fuhr zur Arbeit, der andere ins Grüne, der Dritte in die Klinik, und mit jedem Auto, das plötzlich woanders stand, wurde diese Ordnung empfindlich gestört. Ich muss die Autos noch irgendwo auf dem Speicher haben. Allerdings mehr oder weniger ramponiert, denn sie wurden hart rangenommen, sie wurden nicht geschont, sie mussten Unfälle bauen, damit der Krankenwagen zum Einsatz kam.

Kurzum, das wahre Leben spielt sich für mich bis heute auf der Straße ab, und auf den fünftausendfünfhundert Kilometern unserer Reise habe ich – von zwei Ausnahmen abgesehen – die ganze Zeit gedacht: Wie schön ist es, am Steuer zu sitzen. Für kein Geld der Welt würde ich mit Carlos auf dem Beifahrersitz tauschen … Und damit kommen wir zu meinem neuen Auto.

Bekanntlich habe ich schon einen Mercedes. Aber, weshalb auch immer – ich will einen zweiten. Als ich mit Carlos darüber spreche, nennt er mich einen Spinner. Ausgerechnet er! »Wozu braucht man zwei Autos, wenn man nur mit einem fahren kann?«

Ja, wozu?

Mit meinem ersten Auto bin ich sehr zufrieden. Es hat mich ein Jahr lang flott nach Mannheim und wieder zurückgebracht; ich gehöre nicht zu den Autofahrern, die beim Fahren einschlafen. Die Tour von Mannheim nach Emmerich war immer auf den Freitagnachmittag gefallen, da kam ich wegen der zahlreichen Staus schlecht durch, aber sonntags auf dem Rückweg hatte ich grundsätzlich freie Fahrt – abends um acht Uhr losgefahren, drei Stunden später schon in Mannheim eingetroffen. Das Verrückte dabei war: Mir lag nicht im Geringsten daran, in Mannheim anzukommen, aber die Fahrt hat mir jedes Mal Spaß gemacht.

Mag sein, dass ich mir nach meinem persönlichen Horror-jahr 2018 etwas Gutes tun möchte, jedenfalls stöbere ich im Internet und entdecke einen Mercedes 230 Coupé Jahrgang 1992, also eine E-Klasse der Baureihe 124, im Folgenden kurz 124er genannt. Der schönste ist der Wagen nicht. Eigentlich träume ich von einem 123er, dem Vorgängermodell, das Hans Sigl ab der zweiten Staffel der Serie »Der Bergdoktor« fährt und das viel besser zu ihm passt als der VW Touareg aus der ersten Staffel, aber den kann ich mir nicht erlauben, der wür-de noch mal das Doppelte kosten, und als Coupé wäre er gar nicht mehr zu bezahlen. Was nun die Schönheit meiner Fundsache im Internet angeht: In der Beschreibung heißt es »Farbe violett«, aber auf den Bildern wirkt er dunkelgrau, also eigentlich farblos, mit anderen Worten: total langweilig, und obendrein befindet er sich in – Mannheim. Egal. Ich überrede meinen Vater zu einer Fahrt nach Mannheim.

Unter der angegebenen Adresse finden wir einen riesigen Hinterhof, tausend Quadratmeter vollgepackt mit Autos; neuere Modelle, ältere Modelle, aber keines so alt wie das von mir erwählte Fahrzeug. In dem kastenförmigen Häuschen am Rand, das als Büro dient, begrüßt uns ein junger Mann türkischer Herkunft, der jetzt seinen Onkel fragen muss, der wiederum sofort Bescheid weiß: »Ah, der Mercedes? Da hin-ten.« Er gibt mir den Schlüssel, ich soll ihn also selbst aus diesem Gewühl herausmanövrieren.

Tatsächlich, da steht er, in einer Ecke. Er muss dort schon seit geraumer Zeit stehen, er sieht verwittert aus und ist zu allem Überfluss tatsächlich eher violett als grau. Panik. Mir ist danach, auf dem Absatz kehrtzumachen – dies ist nicht die Art Auto, in der ich gesehen werden möchte. Aber mein Vater wiegelt ab: »Lass uns ihn wenigstens Probe fahren.«

»In Ordnung.«

Ich steige ein und würge diesen Albtraum in Lila schon auf dem Hof zweimal ab. Auf der Fahrt durch Mannheim entdecke ich dann aber ein Detail, das mich schon gnädiger stimmt: Mein bisheriger Mercedes hat den Stern im Kühlergrill, dieser hier trägt ihn mit einem Anflug von Stolz auf der Motorhaube, im Blickfeld des Fahrers; das gefällt mir. Ich kann auch der Beobachtung meines Vaters zustimmen, der meint, man fühle sich in diesem Auto »wie in einem Wohnzimmer«.

Und als wir bei der Dekra vorfahren, um den Wagen kurz checken zu lassen, lautet der Kommentar der Ingenieurin: »Schönheitsfehler ja, aber keine TÜV-relevanten Mängel. Ich habe dieses Modell schon in viel schlechterem Zustand gesehen.«

Damit fällt der letzte Rest von Abneigung von mir ab.

»Was soll er kosten?«, will sie wissen.

»Viereinhalb.«

»Kaufen!«, sagt sie.

Und dieser Ansicht bin ich jetzt auch.

Die beiden türkischen Gebrauchtwagenhändler machen mir Spaß. Im ersten Moment haben sie ziemlich unprofessionell gewirkt, aber jetzt merke ich: Wir sind hier nicht in der Mercedes-Niederlassung. Hier gibt es kein langes Brimborium, die zwei wickeln den Verkauf mit links ab, Hauptsache, dieser Ladenhüter hat endlich einen Liebhaber gefunden. Freundlich, wie sie sind, erklären sie sich bereit, mir Fahrzeugbrief und Fahrzeugschein für die Anmeldung gleich mitzugeben. Also dann, bis nächste Woche!

»Und?«, fragt meine Mutter. Darauf mein Vater: »Du weißt doch: ein Auto angucken und kaufen, das ist bei Torben eins.« Stimmt. Und als ich eine Woche später mit Carlos im Zug nach Mannheim fahre, habe ich ein gutes Gefühl. (Für alle, die langsam ungeduldig werden, weil die Geschichte dieses Autokaufs kein Ende nehmen will: Bei besagtem Wagen handelt es sich um das Gefährt, mit dem wir unsere legendäre Reise gemacht haben!) Der junge Verkäufer holt uns am Bahnhof ab, und dann steht mein Wagen dort im Hof als, ich möchte sagen, strahlende Erscheinung: innen blitzblank, außen poliert, ein Prachtstück!

Anschließend gönnen Carlos und ich uns ein bescheidenes Festessen im »Eichbaum«, einem Mannheimer Restaurant, in dem ich während meiner Studienzeit oft gesessen habe, urig und erschwinglich, leckere Mahlzeiten für zehn Euro – und übrigens genau das, was Carlos schätzt, wenn er nicht gerade in Düsseldorf ausgeht. Ja, und dann geht's via Düsseldorf in meinem neuen 124er nach Hause.

Mein erster Eindruck, der sich dann auch auf unserer Europareise bestätigen wird: beste Qualität! Gegen Ende der Neunzigerjahre bahnte sich die Fusion von Daimler-Benz mit Chrysler an und danach taugen die Mercedesmodelle nicht mehr viel, aber dieser hier macht richtig Freude.

EIN MENSCH MIT EISERNEN GRUNDSÄTZEN

Durch meine Freundschaft mit Carlos habe ich mittlerweile so manches gelernt. Eine der wichtigsten Lehren ist: Der Mensch (im Allgemeinen) besteht aus Widersprüchen. In ein und demselben Charakter kann alles Mögliche zusammenkommen, auch Unvereinbares. Bei Carlos zum Beispiel verbindet sich Abenteuerlust mit sturer Prinzipienreiterei.

Oder sagen wir so: Bei aller Offenheit, bei aller Experimentier- und Entdeckerfreude ist Carlos ein Mann strengster Grundsätze. So kauft er sein Brot seit ungezählten Jahrzehnten ausschließlich in immer derselben Bäckerei in Düsseldorf. Dort wiederum besteht er auf immer demselben Schlesischen Bauernbrot, das er grundsätzlich ungeschnitten mitnimmt. In seine Küche zurückgekehrt, wird dieses Brot mit der Brotschneidemaschine selbst geschnitten. Anschließend werden die Scheiben für drei bis vier Stunden der Raumluft ausgesetzt, damit sie etwas austrocknen. Alsdann werden sie portioniert: Je vier Scheiben wandern in eine Aluverpackung oder einen Plastikbeutel, und im letzten Schritt werden sämtliche Päckchen eingefroren.

Das weitere Verfahren sieht dann so aus: Täglich werden insgesamt vier Scheiben entnommen, zwei für morgens und zwei für abends, wobei jede Ration aus dem Gefrierfach erst in den Kühlschrank wandert und später ins Brotfach. Das heißt: Bis eine Schnitte Brot auf Carlos' Teller landet, hat sie einen langen, ausgeklügelten Verarbeitungsprozess durchlaufen. Und so hat alles im Hause Schulz seine Ordnung und seine Richtigkeit.

Nach drei Jahren Carlos weiß ich über diesen Menschen alles. Sagen wir: fast alles. Einmal, weil er so ungeheuer mitteilsam ist, zum anderen, weil ich bei ihm inzwischen sämtliche zu vergebenden Ämter bekleide, vom Obergartendirektor über den Chauffeur bis zum Haushofmeister. Vielleicht sollte ich einmal einen typischen Tagesablauf mit Carlos schildern. Beginnen wir mit jenen Tagen, an denen wir etwas unternehmen wollen.

Es fängt damit an, dass ich morgens um halb neun versuche, ihn aus dem Bett zu klingeln, indem ich bei ihm anrufe. In achtzig Prozent der Fälle gelingt mir das nicht, weil er entweder schon im Bad ist oder das Klingeln einfach überhört. Wenn ich dann um Viertel vor zehn vor seiner Tür stehe, sagt er:»Ich frühstücke jetzt erst mal.« Dann weiß ich Bescheid: Eine Stunde wird dafür mindestens draufgehen. Nicht nur, dass in diesem Haus alles nach festen Regeln abläuft, es sind auch die Regeln eines Menschen, der unendlich viel Zeit hat bzw. sich diese Zeit mit der größten Selbstverständlichkeit nimmt.

Im Kühlschrank befinden sich Brot, Butter und Marmelade, und aus diesen drei Dingen besteht das Frühstück unweigerlich. Um Kaffee zu machen, wird der vorsintflutliche Boiler über dem Wasserhahn angeworfen und das Wasser erhitzt, während Carlos Kaffeepulver in die Kanne schüttet, einfach so. Kocht das Wasser, wird es draufgegeben, und fünf Minuten später ist sein Morgenkaffee trinkfertig. Jetzt nimmt er sich von den berühmten zwei Brotscheiben eine und schneidet sie mit einem scharfen Messer an den Kanten mehrfach ein, um seine verbliebenen Beiß- und Kauwerkzeuge zu schonen, und während der eigentlichen Frühstückszeremonie erfolgt auf jeden Bissen ein Schluck Kaffee … Ja, alles ritualisiert.

Dann muss sich rasiert werden. Dann müssen die letzten Haare gekämmt werden. Und wenn er angekleidet ist, kommt die alles entscheidende Frage:»Kann ich so ausgehen?« Kleinere Flecken auf seiner Kleidung übersieht er nämlich leicht. Mittlerweile bin ich Stammgast in der Reinigung. Wenn ich die Sachen abhole, sagen sie zu mir:»Da ist ein Loch in der Hose, und da ist ein Fleck, der beim besten Willen nicht mehr rausgeht.« Ja und? Bei uns wird nichts weggeschmissen. Bei uns wird alles aufgehoben, weil man alles irgendwann noch mal brauchen kann. Aber wie dem auch sei – irgendwann, nach Stunden minutiöser Vorbereitung, ist Carlos startklar. Normale Werktage verlaufen anders. Auf dem Weg ins Büro komme ich automatisch an seinem Haus vorbei und kann anhand untrüglicher Indizien feststellen, ob er aufgestanden ist. Wenn die Gardine im Schlafzimmer komplett zugezogen ist, schläft er noch. Ist sie einen Spaltbreit aufgezogen, ist er bereits auf den Beinen. Sind im Badezimmer die Fenster geöffnet, weiß ich: Carlos bereitet sein Frühstück vor. Jedes Lebenszeichen ist mir lieb.

Gegen elf, halb zwölf rufe ich ihn vom Büro aus an. Sein erster Satz: »*Donde estás* (Wo bist du)?« Meine Antwort: »*Estoy en la oficina* (Ich bin im Büro).« Er: »*Que haces* (Was machst du)?« Ich: »*Yo trabajo* (Ich arbeite).« Er: »*Trabajar? Es cosa nueva* (Arbeiten? Das ist ja was Neues).« Jeden Tag der gleiche spanische Dialog – so weit habe ich es mittlerweile in seiner Lieblingssprache gebracht. In meiner Mittagspause fahre ich dann zu ihm rüber und überzeuge mich davon, dass die Caritas sein Essen geliefert hat. »Was gab's denn heute?« Offenbar bringen sie ihm jeden Tag dasselbe: »Bisschen Fleisch, bisschen Kartoffeln, Soße und Gemüse.«

Abends kommen dann die obligatorischen zwei Brotscheiben auf den Tisch; mittlerweile sind's allerdings drei, weil er immer hofft, ich könnte mich zum Abendessen bei ihm einfinden. Oft gehe ich tatsächlich nach dem Fußballtraining gegen einundzwanzig Uhr zu ihm, und früher würde es auch noch nichts geben, denn Carlos hält in dieser Beziehung an seinen spanischen Gewohnheiten fest: Abendessen so spät wie möglich. Und er genießt es, sitzt mit verschränkten Armen am Küchentisch, schaut mir dabei zu, wie ich streng nach Vorschrift den Tee zubereite (viereinhalb Löffel pro Kanne), schmiert sich dann das erste Leberwurstbrot, wobei zu dieser Tageszeit auch Käse willkommen ist, gibt einen Spritzer Zitronensaft in seinen Tee, fügt einen halben Löffel Zucker hinzu und macht sich schließlich daran, die Brotrinde einzuschneiden. Neuerdings erweitere ich das Angebot, mal um ein Rührei, mal um ein Töpfchen Heringssalat oder eine Portion Kartoffelsalat, und immer esse ich ihm zu wenig.

»Du musst essen.«

»Ich bin satt.«

»Satt? In deinem Alter habe ich das Doppelte und Dreifache gegessen.«

Beim Abräumen muss dann immer alles an dieselbe Stelle zurück, sonst findet er es am nächsten Morgen nicht wieder.

Jetzt aber weiter. Auch in Düsseldorf läuft alles nach ewig gültigen Gesetzen ab. Das beginnt schon mit der Hinfahrt: Auf der Autobahn geht Carlos alles viel zu schnell – keine Ampeln, keine Kurven und keine Autos, die plötzlich aus einer Seitenstraße auftauchen. Folglich nehmen wir die Bundesstraße, die mir aber mittlerweile zum Hals heraushängt, da kenne ich jeden Baum, jeden Zebrastreifen, also haben wir eine Abmachung getroffen: hin über die Bundesstraße, zurück über die Autobahn.

In Düsseldorf dann als Erstes zu seiner Lieblingsbäckerei am Carlsplatz, Brot kaufen; in Emmerich taugen die Bäcker nämlich nichts, deren Brot ist bestenfalls dazu geeignet, ein Völlegefühl in der Magengegend zu erzeugen. In der Regel habe ich sein Schlesisches Bauernbrot bereits am Vortag bestellt, weil es gegen Nachmittag womöglich schon vergriffen ist, und das wäre ein Desaster. Bei dieser Gelegenheit hält Carlos jedes Mal ein Schwätzchen, das nicht nur meine Geduld auf eine harte Probe stellt, sondern auch Kunden und Verkäuferinnen einiges an Selbstbeherrschung abverlangt.

Ihm ist das egal. Er liebt diese Plaudereien. Wenn Carlos

eine Botschaft hat, dann lautet sie:»Kinder, diese ganze Hast, die ist doch nicht schön. Entspannt euch mal. Kommt wenigstens kurz mal zur Ruhe und nehmt euch Zeit füreinander« – als wollte er im hektischen deutschen Alltag spanisches Lebensgefühl verbreiten. Er hatte ja früher spanische Mitarbeiter und von denen wird er genauso zu hören bekommen haben:»Weißt du was, Chef? Wir machen jetzt erst mal drei Stunden Mittagspause.« Der Spanier steckt immer noch in ihm, trotzdem war es mir anfangs wahnsinnig unangenehm, wenn Carlos mit seiner gemächlichen Art überall für Unmut und Gereiztheit sorgte.

Und schließlich das Abendessen im Restaurant … auch da immer der gleiche Ablauf: Die Kellnerin kommt mit zwei Speisekarten an unseren Tisch, und Carlos weist sie gleich mal zurecht:»Wir brauchen nur eine, ich kann nix sehn.« Wenn ich ihn dann nach seinen Wünschen befrage, heißt es unweigerlich:»Egal. Ich nehm alles, was kommt.« Meistens kommt Fisch, den er liebt, und jedes Mal ist er glücklich, jedes Mal isst er tapfer seinen Teller leer, denn:»Was übrig lassen gibt's nicht.«

Zum Schluss fällt regelmäßig der Satz:»Boah, bin ich satt. Ich brauch einen Schnaps.« Es folgt ein Wodka oder Verwandtes, dem sich ein *café con leche*, ein Milchkaffee, anschließt, und mit dem letzten Schluck wird die Rechnung bestellt:»So, jetzt zahlen.« Damit ist der Abend für Carlos augenblicklich beendet; das Zu-Bett-Geh-Ritual in Emmerich ruft und ich nehme Kurs auf die Autobahnauffahrt.

Wenn man Carlos fragen würde, denke ich gerade … Wenn man ihn auffordern würde, mich zu beschreiben, meinen Tagesablauf zu schildern, wie käme ich dabei weg? Als zappeliger, ständig besorgter, übervorsichtiger Lebensanfänger?

CARLOS ERINNERT SICH (VII)

Zweimal war ich ausgebrochen, zweimal haben sie mich eingefangen. Ich kannte das Spiel also schon. Jetzt kam ich in dieses Lager bei Biarritz, direkt an der spanischen Grenze. Die Pyrenäen lagen praktisch gleich hinterm Stacheldrahtzaun, und nicht weit von uns kam der Grenzfluss aus den Bergen, der Rio Bidasoa. In dem Lager mussten die Gefangenen Minen beseitigen, aber das hab ich nicht lange ausgehalten.

Nach einer Woche hab ich mich mit Rolf angefreundet, einem Düsseldorfer. Irgendwann sag ich zu ihm: »Ich will türmen.«

Darauf er, hellauf begeistert: »Ich komm mit! Ich komm mit!«

Ein paar Tage später erklär ich ihm: »Heute Nacht bin ich weg.«

Und Rolf wieder: »Ich bin dabei.«

»Das muss aber in aller Stille über die Bühne gehen.«

Ich hatte alles organisiert, und in dieser Nacht sind wir über den Zaun geklettert und Richtung Pyrenäen gelaufen. Dabei hatte ich keine Ahnung von Bergen! Der höchste Berg am Niederrhein bringt es auf fünfundzwanzig Meter. Aber danach hat jetzt keiner gefragt. Wir also nachts die ersten Berge hochgeklettert, im Stockdunkeln. Da waren steile Felswände, da mussten wir gucken, wie wir durchkamen. Knapp fünfzig Meter neben uns war eine Schneise, da standen Franzosen.

Ich sag: »Wir müssen zur anderen Seite rüber.«

Das haben wir glücklich geschafft, und als es hell wurde, hatten wir einen Gipfel erreicht.

Ich frag Rolf: »Mensch, wo sind wir? Noch in Frankreich oder schon in Spanien?« Wir wussten es nicht.

Wir weitergekrochen. Da war eine fette Wiese, die lag in der Sonne, eine richtige Alm, aber ohne Kühe; es gab also nichts zu melken – irgendwann muss der Mensch ja was trinken. An dem Tag war Sonntag, und als wir ins Tal kamen, sahen wir viele Leute auf einer Straße laufen.

Ich sag:»Denen müssen wir folgen. Die gehen doch nicht nach Frankreich.«

Da haben wir uns unter die Leute gemischt und sind immer am Fluss entlanggelaufen. Irgendwann kommen wir in ein Dorf, und weil Sonntag ist, gehen alle in die Kirche, nur wir nicht. Ich sag zu Rolf:»Komm, jetzt essen und trinken wir was.« Ich hatte noch französisches Geld.

In der Kneipe haben wir von den Leuten erfahren, dass wir wahrhaftig in Spanien waren. Der Fluss war die Grenze und auf der anderen Seite lebten Franzosen. Was haben wir uns gefreut! Haben uns in die Kneipe gesetzt und was zu essen bestellt und das erste Glas Rotwein getrunken. Auf unsere Freiheit!

Übernachtet haben wir im Gefängnis. Das war ein kleines Haus aus Stein mit zwei, drei Zellen, draußen auf freiem Feld. Sie haben uns den Schlüssel gegeben und gesagt:»Da ist keiner drin. Ihr könnt von innen durch das Loch greifen und dann von außen abschließen. Ihr müsst morgen früh nur aufpassen, dass euch der Schlüssel nicht runterfällt.« Es gab keine Bewachung, und am nächsten Morgen sind wir im Ort zur Polizeistation, da haben wir Kaffee und was zu essen gekriegt.

In diesem Dorf haben sie uns bewirtet wie die Könige. Ohne zu bezahlen, haben wir alles gekriegt. Wir brauchten uns nur in die Kneipe zu setzen, schon kam das Mittagessen, und ein Glas Wein haben sie uns auch hingestellt.

Nach drei Tagen hat uns ein Lastwagen mitgenommen in die nächste große Stadt, das war Pamplona. Da gab's eine Baracke neben dem Stadtgefängnis, unten an der Stadtmauer, da saßen Franzosen drin, die auf deutscher Seite gekämpft hatten. Die liefen frei rum. Das war ein gutes Zeichen, und tatsächlich: Wir

Deutsche bekamen einen eigenen Raum zugewiesen und konnten uns ebenfalls frei bewegen; die Baracke diente nur als Unterkunft.

Da sind wir zwei, drei Wochen geblieben, bis sie uns weitertransportiert haben zu einem großen Sammellager im Landesinneren, ein ganzes Stück hinter Pamplona. Es gab auch Spanier dort und alle durften zu jeder Zeit raus- und reingehen. Wir mussten uns nur auf der Schreibstube eine Bescheinigung holen, dass wir Deutsche sind.

Kurze Zeit später trafen Männer aus dem Baskenland ein, die suchten Arbeitskräfte und wollten zehn Deutsche haben. Unten in Andalusien war ein Viertel der Männer arbeitslos, dabei suchten sie oben im Baskenland händeringend Arbeiter. Die wollten aber keine Andalusier. Im Lager waren sie natürlich froh, dass sie ein paar von uns loswurden, dann brauchten sie die nicht mehr durchzufüttern. Und so kam ich mit neun anderen Deutschen nach Elgoibar.

ELISABETH STIRBT

Im Januar 2019 besuchen wir wieder die Bootsmesse in Düsseldorf. Für Elisabeth ist es das letzte Mal. Sie sieht schlecht aus. In der Öffentlichkeit zeigt sie sich nur noch mit Perücke oder Mütze. Aber auch Carlos ist älter geworden; das vergesse ich leicht, weil ich mich so auf Elisabeth und ihr Schicksal konzentriere.

Jedenfalls geht mein altes Leben mit Carlos weiter, intensiver denn je. Intensiver vor allem deshalb, weil sich Elisabeths Gesundheitszustand immer weiter verschlechtert, was Carlos nach wie vor nicht versteht oder nicht verstehen will. Ich weiß, dass mein gewöhnlicher Optimismus in dieser Situation unangebracht ist, und beobachte an Carlos irritiert einen Mangel an Realismus. Kein Grund zur Aufregung? Ja, er hält weiterhin an seinem Wahlspruch fest, nun aber vielleicht gerade deshalb, weil es allen Grund zur Aufregung gäbe. Wie wird er auf ihren Tod reagieren? Ein Gedanke, der mich wirklich beunruhigt. Ich will ihm jetzt auf jeden Fall das Gefühl geben, nicht allein zu sein. Wir befinden uns in einem Wartezustand, der von außen wie ganz normaler Alltagstrott aussieht, während in Wirklichkeit die Titanic auf den Eisberg zusteuert.

Draußen blüht der Oleander, als ich Elisabeth am 28. Juli in ihrem Krankenhausbett fotografiere; ihr kleiner Körper unter der Bettdecke ist inzwischen kaum mehr als ein winziges Häufchen Mensch. Noch heißt es, sie könne die Klinik bald verlassen.

Anschließend mache ich mit meiner Familie Urlaub auf Föhr, für mich eine Insel voller Erinnerungen an sorglose Ferientage während meiner Kindheit. Carlos ist in diesen zwei Wochen allein und fährt jeden Tag mit dem Zug nach Düsseldorf. An manchen Abenden gehen meine Anrufe bei ihm in Emmerich ins Leere. Ich mache mir Sorgen.

Anfang September wird Elisabeth auf die Palliativstation verlegt. Carlos besucht sie weiterhin täglich, und nach wie vor informiert Elisabeth mich jedes Mal, wenn er das Krankenhaus verlässt. Ich weiß aber nie, welchen Zug er dann nimmt, denn ab und zu fällt ihm ein, noch essen zu gehen. Eines Abends fahre ich dreimal in Emmerich zum Bahnhof. Um 21.45 Uhr – nichts. Um 22.45 Uhr – wieder nichts. Um 23.45 Uhr – er kommt an, gut gelaunt: »*Buenas noches, señor.*«

»Wo warst du denn?«

»Essen. Aber jetzt bin ich da.«

Meine Sorgen kann er nie verstehen. Carlos, das sind zweiundneunzig Jahre Unbekümmertheit und Drauflosleben. »Mir passiert schon nichts.« Und er glaubt daran, unerschütterlich.

Manchmal bin ich im Krankenhaus mit dabei. Carlos dann zu erleben, ist, wie einem surrealistischen Schauspiel beizuwohnen.

»Lisbeth, nu iss mal was. Du musst wieder auf die Beine kommen. Wir wollen doch wieder in die Pfalz, Wein kaufen.«

Irgendwann stöhnt Elisabeth am Telefon: »Torben, ich kann nicht mehr. Ich halte diese Kaspereien von Carlos nicht mehr aus.« Sie will endlich zur Ruhe kommen, aber mit Carlos ist das unmöglich.

Zwei Tage vor ihrem Tod im September 2019 bin ich zwei Stunden mit ihr allein. Was sagt man einander in so einer Situation? Nicht viel und doch alles.

»Es ist ein Segen«, meint Elisabeth, »dass ihr beiden euch gefunden habt, Carlos und du.«

Ich kann diese Freundlichkeit zurückgeben: »Was wäre ich, wenn ich euch beide nicht kennengelernt hätte …«

»Pass auf ihn auf«, sagt sie. »Sorg dafür, dass er hundert Jahre alt wird.«

»Natürlich werde ich auf ihn aufpassen. Versprochen.« Auch wenn es viel verlangt ist. Ich bin gerade mal zwanzig. Dann tritt Carlos ins Zimmer und nimmt ihre Hand.

Als er am nächsten Tag aus Düsseldorf zurückkommt, platzt er vor guten Neuigkeiten: »Lisbeth hat gegessen. Es geht ihr schon viel besser. Sie hat gesagt: ›Bis morgen!‹« Einen Tag später klingelt bei mir im Büro das Telefon. Carlos ist dran. »Hast du schon gehört? Lisbeth ist gerade gestorben.«

Er klingt überrascht. Er ist überrascht. Er hat schlichtweg nicht mit ihrem Tod gerechnet, weil sich ein solches Vorkommnis nicht mit seinem Weltbild verträgt. Er wird Wochen brauchen, um sich an den Gedanken zu gewöhnen, dass seine Lisbeth nicht mehr ist.

Ein Detail am Rande: Als Elisabeths Wohnung aufgelöst wird, fahren wir beide noch einmal hin, die Waschmaschine und den Fernseher rausholen. Bei dieser Gelegenheit mache ich die Entdeckung, dass ihr Mietvertrag von 1930 stammt. Vor neunzig Jahren, am 1. Januar 1930, haben Elisabeths Eltern ihn unterschrieben, und sie selbst hat nie einen Grund gesehen, auszuziehen. Zeitlebens hat sie von diesem sicheren Hafen aus ihre frohgemuten Eroberungszüge durch Düsseldorf gestartet. Klar, die Wohnung war groß und schön und günstig, und im Übrigen: Das Haus gehörte bis in die Neunzigerjahre Carlos.

Bei ihrer Beerdigung erlebe ich einen erschütternden Moment, als Carlos ans offene Grab tritt. Sekundenlang befürchte ich, dass er hineinspringt. Das tut er nicht, aber was für ein Bild der Ratlosigkeit, der Verzweiflung … Neben dem Grab liegt sein Kranz, der größte und schönste von allen. »Als letzten Gruß, dein Karl-Heinz« steht auf der Schleife.

Und damit kommen wir zu einem wichtigen Punkt. Solange Elisabeth lebte, war sie meine Stütze, meine Verbündete. So jemanden brauchte ich, weil Carlos nach wie vor wenig auf meine Meinung gab. Widersprach ich ihm, hieß es fast immer: »Jo, jo. Werd du erst mal erwachsen, dann kannst du mir was erzählen.« Schlauer war es allemal, sich an Elisabeth zu wenden mit der Bitte: »Bearbeite du ihn doch.« Vorschreiben ließ er sich von mir gar nichts, auch raten ließ er sich selten, aber Elisabeths Wort hatte für ihn Gewicht.

Doch jetzt fällt Elisabeth aus. Jetzt heißt es David gegen Goliath, Steinschleuder gegen den Stahlpanzer, den Carlos sich in zweiundneunzig Jahren stolzer Unbekümmertheit und lebenshungrigen Eigensinns zugelegt hat. Wird er je auf mich hören? Werde ich je meine Autorität ihm gegenüber geltend machen können?

Noch mehr bedrückt mich eine andere Sorge: dass Carlos seiner Lisbeth bald nachfolgen könnte. Er macht einen gebrochenen Eindruck. Sein Lebensmittelpunkt hat sich in nichts aufgelöst. Ihm fehlt Elisabeth, ihm fehlen die gemeinsamen Streifzüge durch Düsseldorf, die gemeinsamen Ausflüge in die Eifel oder in die Pfalz, zum Weinkaufen. Ich biete an, mindestens zweimal im Monat mit ihm nach Düsseldorf zu fahren, in die Stadt, an der er so hängt. In Emmerich würde sich Carlos verlaufen, aber Düsseldorf kennt er in- und auswendig. Gegen seine Niedergeschlagenheit gibt es nichts Besseres als Düsseldorf.

Im Übrigen tue ich alles, um seinen alten Lebensmut wieder anzustacheln, lasse mich täglich bei ihm sehen und rufe ihn zwei-, dreimal am Tag an. Zum Glück kommt er im Haus immer noch gut allein zurecht. Wenn ich mal für eine Woche verreist bin, sieht meine Mutter nach ihm, oder meine Oma.

Unser Verhältnis ist von nun an schwer zu beschreiben. Der großväterliche Freund der vergangenen vier Jahre weckt in mir mittlerweile brüderliche Gefühle. Elisabeths Bitte hat mich gerührt, aber sie wäre nicht nötig gewesen – Carlos ist jetzt so etwas wie meine Lebensaufgabe. Und was geht in ihm vor?

Eines Tages im November – wir sitzen in seinem Wohnzimmer zusammen – rückt er mit einer absurden Idee heraus. »Ich hab manche Reise durch Europa gemacht.« Er legt eine

Pause ein. Dann: »Ich wollte mit Lisbeth auch noch eine machen …«

»Nun, das ist leider nicht mehr möglich«, entgegne ich.

»Ja, und deshalb rede ich mit dir darüber«, sagt er. »Willst du nicht stattdessen mitfahren?«

CARLOS ERINNERT SICH (VIII)

Sie haben uns alle zehn nach Elgoibar gebracht. Das war eine kleine Industriestadt, davon gab's im Baskenland etliche. Alles Stahlindustrie, und die Basken wollten wie gesagt lieber zehn oder zwölf Stunden arbeiten, als Andalusier zu nehmen. Aber uns Deutsche haben sie aufgenommen wie Könige.

In Elgoibar gab's ein Walzwerk. Ganze Schiffsladungen Schrott aus Südamerika lagen da rum, die wurden im Hochofen eingeschmolzen und als Erstes zu Vierkantstangen verarbeitet. Diese Stangen liefen dann in eine große Walze und kamen als Flacheisen wieder raus; das Eisen wurde noch mal erhitzt und schließlich zu Blech gewalzt. Mich haben sie gefragt: »Was kannst du denn?«

Ich sag: »Ich kann alles. Was braucht ihr denn?«

»Ja, wenn du Dreher wärst. Dreher werden gesucht.«

Darauf ich: »Hab ich gelernt.«

Stimmte gar nicht, aber so gelangte ich in die Werkstatt. Der Rest von uns kam an die Walzstraße oder an den Hochofen, aber ich durfte in die Werkstatt, an die Drehbänke und Fräsmaschinen, wo der Krach vom Walzwerk nicht mehr so gut zu hören war. Ich staunte, was die da für alte Monster stehen hatten. Die Drehbänke waren nagelneu, aber völlig veraltet. Na ja, die waren froh, dass sie überhaupt was produzieren konnten. Bei uns hätten sie so was längst auf den Schrott geschmissen.

Untergebracht waren wir in einem Hotel, immer zwei Mann auf einem Zimmer. Wunderbare Zimmer, und auch das Essen gut. Morgens ging's zwei Kilometer zum Werk, mittags zurück, gegessen und Siesta gemacht, und dann wieder bis zum Abend gearbeitet. Wir konnten uns überall frei bewegen.

Irgendwann kriegten wir unseren ersten Vorschuss, fünfhundert Pesetas für Klamotten – wir liefen ja teilweise immer noch in alten Uniformen rum. Da haben wir uns Klamotten gekauft, aber in flüssiger Form. Endlich waren wir in Freiheit, nach drei Jahren Gefangenschaft, das musste gefeiert werden, und deswegen war uns Wein jetzt wichtiger.

Rolf und ich hatten das größte Zimmer, da haben wir uns am Sonntag alle zusammengesetzt und eine Flasche nach der anderen geleert. Aber so viel Alkohol waren wir nicht mehr gewohnt! Ein paar von uns haben sich danebenbenommen, den Wein verschüttet und die Gläser gegen die Wand geworfen, da floss der Wein über die Wände und sickerte in den Fußboden. Das Ende vom Lied war: Am Morgen haben wir noch im Hotel gefrühstückt, und als wir mittags von der Arbeit zurückkamen, stand unser Gepäck draußen vor der Tür. Da hatte die Wirtin uns rausgeschmissen.

Inzwischen hatte ich mich mit dem Betriebsleiter vom Walzwerk ein bisschen angefreundet. Er hatte auch angefangen, mir Spanisch beizubringen. Zwei-, dreimal die Woche bin ich abends zu ihm nach Hause, dann hat er mir vorgelesen, und ich musste auch vorlesen, um die Aussprache zu üben.

An dem Tag sag ich zu ihm: »Julián, du musst uns wieder ins Lager zurückschicken. Wir haben keine Unterkunft mehr, wir stehen auf der Straße.«

»Was?«, sagt er. »Kommt nicht infrage. Ihr seid doch jetzt frei.«

Also hat er im Werk rumgefragt. Hat sogar Leute zu den Frauen der Arbeiter nach Hause geschickt. Fünfzehn Arbeiter haben sich sofort gemeldet, die wollten spontan Deutsche aufnehmen, und die Frauen wollten auch. Die einen wussten aber von den anderen nichts. Am Ende hatten wir jedenfalls dreimal so viele Angebote wie nötig.

Als ich zu meiner neuen Adresse kam, war nur die Frau zu Hause; eine junge Frau mit zwei kleinen Jungs. Bei der hab ich ein Zimmer bezogen, und als ihr Mann abends nichts ahnend von der Arbeit kommt, sitzt da ein Deutscher in seiner Küche. Aber er hatte daheim nichts zu sagen. So bin ich bei denen gelandet und sie haben mich besser behandelt, als wenn ich zur Familie gehört hätte.

Die Mutter von der Frau wohnte gleich gegenüber, auf derselben Etage wie wir, im zweiten Stock. Diese Oma hat mir jeden Morgen, wenn ich noch im Bett lag, einen halben Liter heiße Milch gebracht. Sie bekam schon morgens um fünf von einem Bergbauern frische Milch geliefert, die hat sie dann gleich heiß gemacht und mir auf den Nachttisch gestellt. Die Bergbauern kamen nämlich direkt nach dem Melken runter, um ihre Milch in der Stadt zu verteilen.

Jedenfalls hatte die alte Dame mich vom ersten Tag an ins Herz geschlossen. Sie hatte auch noch eine Tochter in meinem Alter, aber bei uns hat es viel länger gedauert, bis wir uns vertragen haben – ganze drei Tage! Dann hab ich sie spaßeshalber in den Arm genommen, und da war's passiert. Küssen war in Spanien damals nicht so in Mode, aber in den Arm nehmen, das ging.

Die Jungs von meiner Wirtin waren vier und acht Jahre alt. Am zweiten Tag hatte ich schon den Kleinen auf dem Schoß, ein paar Tage später auch den Großen. Ihre Schwester hatte zwei Mädels im selben Alter und die drei schauten einmal die Woche bei uns vorbei. Die beiden Frauen saßen dann an der Wand, und der Hausherr und ich hockten vorm Fenster am Tisch und zapften Wein.

Das kleinere Mädel hing ihrer Mutter immer am Rockzipfel und guckte zu mir rüber. Wenn ich zurückguckte, hat sie schnell weggeschaut. So ging es eine ganze Weile. Da sehe ich aus dem Augenwinkel, dass sie angeschlichen kommt. Sie stößt mir einen Finger in die Rippen, ich schnappe sie mir und sie macht Theater, schreit nach der Mama, aber als ich sie loslasse, geht sie nicht weg, sie guckt nur groß. Von da an waren wir die besten Freunde. Zum Mittagessen hat sie mich sogar von der Firma abgeholt und auch wieder zurückbegleitet.

In der ersten Zeit konnte ich noch nicht viel Spanisch. Das habe ich dann allerdings schnell gelernt. Was haben wir gelacht in der Anfangszeit, als wir uns noch mit Händen und Füßen unterhalten mussten! Aber am meisten habe ich von den Kindern gelernt. Die haben mich zehnmal hintereinander dasselbe gefragt, die haben mich regelrecht ausgequetscht und nicht lockergelassen, bis sie alles aus mir rausgeholt hatten.

Ja, damals hat es mir an nichts gefehlt. Obwohl ich Deutscher war, hab ich dazugehört.

DAS GESCHENK

Mein Fußballtraining fällt in die frühen Abendstunden und hinterher gehe ich zu Carlos; das haben wir uns jetzt so angewöhnt. Nach dem Abendbrot sitzen wir noch zusammen, und normalerweise gibt es dann nichts mehr groß zu bereden, es geht hauptsächlich um die Geselligkeit, aber neuerdings wird es in dieser Stunde ernst: Immer wieder kommt Carlos auf die Reise zu sprechen. Klar, er würde einen Fahrer brauchen. Er würde aber auch einen Begleiter brauchen. Nach Lage der Dinge könnte nur ich das sein. Langsam schwant mir, welche Dimension diese Reise in seiner Vorstellung annimmt.

Ich reagiere zurückhaltend. Abgesehen von allem anderen erscheint es mir vollkommen unrealistisch, mit einem Dreiundneunzigjährigen durch Europa zu fahren. Um den Schlaf bringt mich die Sache aber nicht; Carlos hat ja immer wieder mal Einfälle, die nicht realisierbar sind – gut möglich, dass er sich diese Idee mit der Reise schon bald wieder aus dem Kopf schlägt.

Aber stattdessen setzt sie sich in seinem Kopf fest. Er kommt immer wieder darauf zurück. Ich merke: Er verfolgt einen Plan, er meint es ernst. Ungefähr weiß ich auch, wo es seiner Meinung nach hingehen soll: Er redet von Spanien. Nur – wann hat er mal nicht von Spanien geredet? Das Thema zieht sich durch, vom ersten Tag an hat er auf Spanisch auf mich eingeredet. Doch wie gesagt: Mir ist die Idee nicht geheuer. Ich nehme die ganze Sache nicht weiter ernst. Will ich überhaupt wochenlang mit Carlos unterwegs sein? Nein, so eine Reise übersteigt meine Vorstellungskraft.

Und außerdem ist sie gegen meine Natur. Ich brauche immer einen Plan, ich muss Gewissheit haben, ich mag keine Überraschungen. Mein Bruder ist anders, der klettert auf einen Baum, fällt runter und fragt dann, ob er raufklettern durfte. Ich hingegen bitte zuerst um Erlaubnis, schaue mir den Baum als Nächstes genau an, schätze seine Stabilität ein und klettere dann vielleicht hoch. Natürlich frage ich auch diesmal meine Eltern nach ihrer Meinung. Sie raten mir nicht direkt ab, sie halten mit ihrem Urteil zurück, was mir im Augenblick auch das Klügste zu sein scheint. Da ich Carlos nicht vor den Kopf stoßen will, antworte ich ausweichend, wenn er auf sein Projekt zurückkommt. »Mal sehen.«

Überhaupt beschäftigt mich eine andere Frage: Was machen wir mit Carlos am Heiligen Abend? Bisher hat er immer mit Elisabeth gefeiert, meist in Düsseldorf. Aber meine Eltern sind längst an den Gedanken gewöhnt, dass Carlos unsere Familie um den fehlenden Urgroßvater bereichert, und gehen selbstverständlich davon aus, dass er mit uns unterm Baum sitzen wird.

Der 24. Dezember kommt. Am Vormittag feiere ich mit Carlos bei ihm zu Hause seinen Geburtstag – unspektakulär, wie nach einer so endlosen Reihe von Geburtstagen nicht anders zu erwarten – und schenke ihm die bewährten Gutscheine plus, in meiner Eigenschaft als Obergartendirektor, einen großen Rechen für das nächste Herbstlaub in seinem Garten. Am Abend sitzt er dann in seinem besten Anzug zwischen meinen beiden Omas bei uns auf der Couch, ein Gläschen Weißwein in Reichweite. »Ich habe kein Geschenk für dich«, hat er mich schon vorher gewarnt – und dabei keineswegs betreten gewirkt. Was er allerdings sowieso nie tut.

Zunächst läuft alles wie immer: Heiligabend heißt Bescherung, und der Reihe nach nimmt jeder seine Geschenke entgegen, packt sie aus und zeigt sich erfreut. Als ich dran bin, räuspert sich Carlos und setzt zu einer kleinen Rede an: Er habe in der Tat kein Geschenk dabei, nichts, was sich jetzt überreichen und auspacken und anfassen ließe, er komme also zwar mit leeren Händen, aber nicht mit leerem Kopf, denn: »Ich schenke dir eine Reise. Du musst nur fahren, ich kenne die Strecke, aber nächstes Jahr ist es so weit: Wir fahren durch Europa.« Sicherheitshalber fügt er hinzu, jetzt gebe es Zeugen, jetzt könne ich mich nicht mehr herausreden, ganz abgesehen davon, dass man Geschenke sowieso nicht zurückweisen dürfe …

Die Bombe ist geplatzt. Er hat meinen hinhaltenden Widerstand also bemerkt und sich eine Strategie überlegt. Jetzt liegt diese Reise unterm Weihnachtsbaum, jetzt gehört sie mir, und die ganze Familie weiß Bescheid, jetzt gibt es kein Zurück mehr. Mach das Spiel mit, sage ich mir. Lass dich drauf ein. Mal sehen, was dabei rauskommt. Jetzt wird's jedenfalls spannend.

Und nun die gesammelten Reaktionen der anderen. 1. Mein Vater. Er grinst – und meint später:»Es ist sein Wunsch. Diese Chance bekommst du in deinem Leben nur einmal. Also, mach's doch.« 2. Meine Mutter. Sie hat ihre Bedenken:»Drei Wochen unterwegs? Was da alles passieren kann …« 3. Die eine Oma. Sie findet, dass so eine Reise nichts für sie wäre.»Was der Schulz für Ideen hat! Aber wenn du meinst, dann mach's halt.« 4. Die andere Oma. Sie verbindet mit fernen Ländern sowieso wenig und ist überfragt. 5. Mein Opa. Er – nicht anwesend, aber am nächsten Tag zurate gezogen – hält die ganze Sache für einen Scherz, als hätte Carlos bloß mit einer Schnapsidee seine Verlegenheit überspielen wollen, dass er verschwitzt hatte, ein Geschenk für mich zu besorgen. 6. Mein Freundeskreis. Hier herrscht nachsichtiges Lächeln vor. Vielleicht spüren sie auch, dass es mir an der rechten Begeisterung fehlt, dass ich mich eher in die Pflicht genommen fühle.»Was heißt das: Du musst? Wenn du die Sache so siehst, lass es lieber bleiben …«

Auf einen Umstand aber möchte ich zum Schluss noch hinweisen. Man kann ihn im Nachhinein als gutes Vorzeichen verstehen. Meine Eltern haben mir nämlich zu Weihnachten ein Sicherheitstraining auf einem Verkehrsübungsplatz geschenkt. Ja, auf meinen eigenen Wunsch hin, aber natürlich unabhängig von Carlos' Reiseplänen. Ein Zufall also, aber kein unbedeutsamer, denn während des Trainings verliere ich tatsächlich mehrfach die Kontrolle über den Wagen – Mist, so schnell kann das gehen. An diesem Tag lerne ich jedenfalls einiges dazu, was ich hinterher auf unserer Europareise gut gebrauchen kann, an Orten wie Marseille zum Beispiel, wo im Straßenverkehr deutlich rauere Sitten herrschen als bei uns.

Und damit geht dieses aufwühlende Jahr 2019 zu Ende.

2020

KEINE LEICHTE GEBURT

Wenn ich mit Carlos einkaufen gehe, sind zwei Fragen immer von größter Bedeutung: »Haben wir noch Knabberzeug?«, und: »Wo befindet sich die Weinabteilung?«

Klar, Wein ist lebenswichtig, so wie alles, was er sich in Spanien angewöhnt hat. Aber Knabberzeug ist auch wichtig. Das kommt in die Knabberbox, die unübersehbar seinen Wohnzimmertisch ziert und tagsüber in kurzen Abständen aufgesucht wird. Eines Tages ruft er mich im Büro an und meldet, die Knabberbox sei leer – normalerweise fast ein Weltuntergang, aber diesmal nicht. Kein Problem, sagt er, im Schrank habe er noch Nachschub gefunden. Schön, ich bin erleichtert, damit ist die Sache erledigt.

Aber als ich mittags vorbeikomme, macht er mir die traurige Mitteilung, die Kekse seien schlecht.

»Wieso?«

»Die sind steinhart. Die kann ich nicht beißen. Die kannst du aufessen.«

Ich nehme den Deckel von der Knabberbox, und mich lacht eine aufgerissene Packung grüner Nudeln an! Drei oder vier davon hat er schon gegessen, in der Hoffnung, einen weicheren Keks zu finden … Nun gut, so was fällt unter die komischen Zwischenfälle, die im Übrigen mein kreatives Potenzial wecken: An diesem Abend kommen grüne Nudeln mit Pesto auf den Tisch.

Aber – soll ich wirklich mit jemandem durch Europa fahren, der grüne Nudeln nicht mehr von Keksen unterscheiden kann? Ich weiß nicht. Andererseits beweist dieser Vorfall wieder mal: Kulinarisch ist Carlos für alles offen. Wären die Nudeln nur etwas weicher gewesen, hätte er den Großteil bis zum Abend wahrscheinlich bereits verspeist gehabt. Dieser Motor läuft jedenfalls mit jedem Treibstoff, nach dem Motto: Alles probieren, nichts stehen lassen, nichts zurückgehen lassen. Und mit so jemandem könnte man es doch versuchen, der ist doch für jedes Abenteuer qualifiziert … Nachdem ich im Februar 2020 den Karneval samt Bühnenauftritten hinter mich gebracht habe, fahre ich jedenfalls kurz entschlossen mit Carlos auf die andere Rheinseite, zum ADAC in Kleve.

Ich will mir detaillierte Straßenkarten von Frankreich und Spanien beschaffen, das wäre ein Anfang, ein Beweis meines guten Willens und vielleicht sogar eine Art Startschuss. Im Verlauf unseres Gesprächs möchte die Dame vom ADAC wissen, was ich genau vorhabe, und ich erkläre ihr rundheraus: »Carlos möchte noch einmal an seine alten Wirkungsstätten zurückkehren, und ich werde ihn chauffieren.«

»Welche alten Wirkungsstätten?«

Na, die und die, da und da.

»Ist das der letzte Traum Ihres Opas?«

»Ja. Nein …«

Herrje. Mittlerweile bin ich es leid, immer wieder aufs Neue erläutern zu müssen, in welchem Verhältnis Carlos und ich zueinander stehen. Wie sich eine solche Beziehung innerhalb von vier Jahren vom Rasenmähen zu einer gemeinsamen Europareise entwickeln kann, entzieht sich sowieso jeder Darstellbarkeit, und am Ende hält man mich womöglich für verrückt. Diesmal bin ich noch zu wahrheitsgemäßen Auskünften bereit, in Zukunft allerdings darf meinethalben jeder glauben, ich würde meinen Opa durch die Gegend kutschieren.

Gut, ich erhalte alle gewünschten Unterlagen, die ADAC-Dame stellt mir sogar eine grobe Route zusammen, und am Ende meint sie: »Das wäre übrigens eine Geschichte für die *ADAC-Motorwelt*. Was ihr da vorhabt, das ist doch einmalig. Schreib die Redaktion mal an. Die machen bestimmt einen Bericht über euch.« Na ja, entgegne ich, so spannend sei die Sache nun auch wieder nicht ... Sei sie doch! »Und hier ist die Adresse der Redaktion.«

Carlos und ich in der *Motorwelt*? Mir kommt die Idee etwas abartig vor, zumal wir ja ganz am Anfang stehen und noch alles Mögliche dazwischenkommen kann. Aber das Kartenmaterial ist prima: Detailkarten von Frankreich, Nordspanien, Katalonien und der Côte d'Azur. Man ersieht daraus: Wir haben doch schon ein bisschen vorgearbeitet. Wir haben uns doch zwischendurch mal hingesetzt, um wenigstens vorläufige Klarheit über die Größenordnung zu bekommen, von der wir hier reden. In welche Länder soll's überhaupt gehen?

Wie zu erwarten, steuert Carlos Frankreich und Spanien bei. Aber bloß hin und zurück? Wie wär's mit Barcelona, das mir bei meinem ersten Besuch vor ein paar Jahren gut gefallen hat? Und wie wär's mit Monaco mit seinen Luxusjachten und Luxuslimousinen? Wie wär's mit ... Nein, halt, stopp. Unsinn. Denn mitten hinein in diese Überlegungen platzt Corona, und im März taucht ein neues, nie gehörtes Wort auf. Es heißt Lockdown. Für uns bedeutet das: Alle Reisevorbereitungen werden vorläufig eingefroren.

Auf einmal bin ich hin- und hergerissen. Denn einerseits habe ich mich inzwischen an den Gedanken gewöhnt, eine große Reise in Carlos' Vergangenheit zu unternehmen. Andererseits atme ich auf: Corona nimmt dir die Entscheidung ab, sage ich mir, eine Epidemie ist höhere Gewalt, so kommen wir beide ohne Gesichtsverlust aus der Nummer raus. Dann wiederum wurmt es mich, schließlich habe ich mir endlich einen Ruck gegeben, mich mit Carlos' Plänen angefreundet, und jetzt soll unser kühnes Unternehmen sang- und klanglos ins Wasser fallen? Ich schwanke zwischen Enttäuschung und Erleichterung.

Einstweilen ist jedenfalls die Luft raus. Im April wird der Lockdown zwar aufgehoben, aber von Reisen wird weiterhin abgeraten, und auch ich bekomme von allen Seiten zu hören: Eure Europareise könnt ihr euch wohl abschminken.

Als dann die Ersten wieder ins Ausland fahren, habe ich mich mit dem Scheitern unserer Pläne endgültig abgefunden, ja, ich verschweige Carlos sogar, dass Reisen jetzt zumindest theoretisch wieder möglich wären. Durch Corona ist die Ausgangslage für eine Tour mit Carlos noch schwieriger als zuvor und die Verantwortung, die ich auf mich nehmen würde, noch einmal deutlich gestiegen, also schneide ich das Thema gar nicht mehr an. Das war's. Nur – da habe ich mich verrechnet.

Mitte Juni nämlich mache ich in der Mittagspause meinen üblichen Abstecher zu Carlos. Anstatt vor dem laufenden Fernseher einzuschlafen, wie er es für gewöhnlich tut, hat Carlos offenbar gerade hellwach den Bericht über die aktuellen Reiseerleichterungen auf dem Bildschirm verfolgt und begrüßt mich hocherfreut mit der Nachricht, die Ersten seien schon wieder nach Mallorca geflogen. »Wenn die fliegen – dann können wir auch fahren!«

Damit ist das Thema erneut auf dem Tisch.

Ich zögere. »Wenn du meinst …«

»Ja, ich meine.«

Hm. Es ist nämlich so, und das kommt noch erschwerend hinzu: Carlos kann mit Corona nichts anfangen; unter uns sprechen wir deshalb nur von der »Krankheit«. Auch der Mundschutz interessiert ihn nicht weiter; ich muss ihn immer wieder daran erinnern und ernte jedes Mal dieselbe Reaktion: »Richtig, wir haben ja Karneval.« Wie üblich steht Carlos allen Vorsichtsmaßnahmen völlig verständnislos gegenüber – wer im Hürtgenwald in Flammen gestanden hat, dem kann so ein Virus wohl kaum etwas anhaben …

Ja, so sieht es aus. Alles in allem nicht gut. Auch meinen Eltern ist jetzt beim Gedanken an unsere Reise mulmig. Zwar wird allgemein damit gerechnet, dass »die Krankheit« im Sommer bei wärmeren Temperaturen abflauen wird, aber noch bin ich unschlüssig. Carlos, Corona, Europa – wie soll man das unter einen Hut kriegen? Weiterhin schiebe ich die Reisevorbereitungen vor mir her.

CARLOS ERINNERT SICH (IX)

Diese Spanier waren so was von gastfreundlich. Auch mein Betriebsleiter hat sich schwer dahintergeklemmt, dass es uns an nichts fehlte. Da ich häufiger bei ihm zu Hause war, wusste ich: Fließend Wasser gab es in seinem Haus nur im Parterre. Es war aber ein vierstöckiges Gebäude und die oberen Mieter mussten sich das Wasser mit der Kanne unten an der Handpumpe holen. Mein Betriebsleiter wohnte im dritten Stock, seine Frau musste auch die ganze Zeit hoch und runter laufen, und da frag ich ihn: »Mensch, warum legt ihr euch nicht eine Wasserleitung nach oben? In eurem Schrott gibt's doch Rohre genug.«

»Ja, wer soll das denn machen?«

Ich sag: »Besorg mir Rohre, alles derselbe Durchmesser, und ich leg euch eine Leitung bis zum dritten Stock.«

Ich hab also überlegt, so und so muss das gehen, und dann hab ich eine Rohrleitung gebastelt und zusammengeschweißt und unten an der Pumpe angeschlossen, und in der Küche über der Spüle hab ich ihnen in jeder Etage einen Wasserhahn montiert. So was hatte ich noch nie gemacht, aber die Technik liegt mir im Blut. Und als ein Haus fertig war, kamen die Nächsten:»Kannst du so was auch bei uns einbauen?« Am Ende habe ich mehr Klempnersachen gemacht als in der Fabrik gearbeitet.

Ich war beliebt, und das Tollste war: Die wollten mich alle heiraten! Die Mädels waren hinter mir her wie der Teufel hinter der armen Seele. Ich hätte am laufenden Band heiraten können, aber ich dachte nicht daran. Schon die Zehnjährigen liefen hinter mir her und schrien:»Carlos, Carlos! Wollen wir heiraten?« So ging das die ganze Zeit. Sechs oder sieben von uns Deutschen konnten nicht widerstehen und haben sich wirklich eine Spanierin genommen. Aber ich wollte nicht.

Nein, Heimweh hatte ich nie. Die Spanier haben mich so gut behandelt, besser ging's nicht. Aber nach drei Jahren dort wollte ich nach Hause. Im Baskenland hatte ich zwar Arbeit, aber keinen anständigen Beruf. Ich wusste ja auch gar nicht, was in Deutschland los war. Mit siebzehn war ich Soldat geworden und seither nicht ein Mal daheim gewesen, ich war schon sechs Jahre von zu Hause weg. Das hat mir keine Ruhe gelassen. Da hab ich angefangen, mich nach einer Möglichkeit umzusehen, wie ich nach Deutschland kommen könnte.

WO, UM HIMMELS WILLEN, LIEGT LOROBOTERO?

Wir haben Anfang Juli. Es bleibt nicht mehr viel Zeit. Wenn ich jetzt keine Entscheidung treffe, ist der Traum geplatzt. Aber wie stehe ich dann da – vor Carlos und auch vor allen anderen? Eigentlich sollte das kein Argument sein, doch für mich ist es eins; ich gebe nicht gern ein schlechtes Bild ab, ich enttäusche die Leute nicht gern, und mir wird übel bei der Vorstellung, Carlos zu verraten. Und es wäre Verrat. Jedenfalls würde Carlos das so sehen. Also ja, es ist ein Argument, aber nicht das entscheidende.

Was hat mein Vater gesagt? »Diese Chance bekommst du nur einmal in deinem Leben.« Es ist ein Satz, den man sich auf der Zunge zergehen lassen muss. Einmalig, einzigartig, jetzt oder nie, die Stunde der Entscheidung, all diese Worte gehen mir durch den Kopf. Sie bringen mich in eine nie gekannte Situation, auch deshalb, weil sie sich mit der höchst beunruhigenden Aussicht auf ein Abenteuer mit ungewissem Ausgang verbinden. Carlos liebt die Ungewissheit, diese Liebe ist wahrscheinlich sogar der tiefere Grund für sein Reisefieber. Ich hingegen liebe die Ungewissheit nicht. Ich müsste über meinen eigenen Schatten springen. Andererseits gibt es eine Gewissheit, die ich eben doch habe: dass diese Reise etwas Einmaliges ist – und dass ich dieses Einmalige verpasse werde, wenn ich so weitermache. Ich wäre ein Idiot, diese Gelegenheit nicht zu ergreifen … Und das gibt schließlich den Ausschlag. Ich springe über meinen Schatten.

Carlos kennt solche inneren Kämpfe nicht. Dieser Dickschädel würde nie nachgeben, der würde keinen Millimeter von seinem Plan abrücken oder ihn gar verwerfen. Stur und unerbittlich hält er an dieser Reise fest. Schwierigkeiten? Ich bin der Einzige, der Schwierigkeiten macht, alles andere wird sich finden, sobald wir losgefahren sind; das war immer so und wird auch diesmal nicht anders sein. Ganz so einfach ist die Sache aber dann doch nicht, auch wenn es mir inzwischen mit unserer Reise genauso ernst ist wie ihm.

Ha, jetzt hätte man ihre Gesichter sehen sollen … »Der fährt wirklich mit dem Alten. Und ich dachte, er macht Witze.« Carlos und ich beugen uns derweil über unser Kartenmaterial und stellen die Reiseroute zusammen, listen Orte auf, die unbedingt angesteuert werden müssen, und machen uns anschließend daran, jeden einzelnen zu lokalisieren. Aber finde mal ohne genaueste geografische Kenntnisse ein Städtchen, von dem du nichts als den Namen in der sehr vagen Aussprache von Carlos weißt! Zum Beispiel das französische Lorobotero …

Lorobotero. Der Ort, wo Carlos während des ersten Jahres seiner Kriegsgefangenschaft beim größten Winzer der Region gearbeitet hat, besser gesagt: derart gehätschelt und verwöhnt worden ist, dass er nicht mehr in seine Jacke passte.

»Wo liegt das denn?«

»Irgendwo in der Nähe von Nantes.«

Aha. Soll ich südlich oder nördlich von Nantes suchen? Östlich oder westlich? Und »in der Nähe«, was heißt das? Zehn Kilometer können nah sein, fünfzig Kilometer aber auch. Wir sitzen beim Italiener und ich brauche von der Vorspeise bis zum Nachtisch, um den Ort bei Google Maps zu finden. Am Ende stellt sich heraus: Das mysteriöse Städtchen schreibt sich Le Loroux-Bottereau und es liegt fünfzehn Kilometer östlich von Nantes. Noch einmal studiere ich die Karte, und wahrhaftig, da steht's, in sehr kleinen Buchstaben: Le Loroux-Bottereau.

Tagelang setzen wir dieses Spiel fort. Elgoibar im Baskenland, wo Carlos fast drei Jahre gelebt hat – da ist es, so ziemlich im Niemandsland, weit und breit nur Berge. Schnell gefunden ist San Sebastián, wo er sich damals manchen Ferien-
tag am Strand gegönnt hat. Und weiter? Die beiden
Kriegsgefangenenlager in Südfrankreich lassen sich leider
nicht mehr identifizieren; Carlos erinnert sich nur schemen-
haft an Biarritz und Pau, ohne den Standort der Lager präzise
bestimmen zu können – zwecklos, dort ohne jeden Anhalts-
punkt in der Gegend herumzuirren. Was ist ihm sonst noch
wichtig? Er bringt Bregenz am Bodensee ins Spiel, das uns
aber vorerst zu abgelegen erscheint. Das war's? Gut, dann bin
ich jetzt an der Reihe.

Als Jugendlicher war ich einmal mit meinem Vater und
meiner Fußballmannschaft in Barcelona, die Stadt hat mich
damals begeistert – also, warum nicht? Barcelona kommt auf
die Liste. Und wenn wir schon in der Gegend sind: Monaco
und die Côte d'Azur würden mich reizen. Und einmal in Monaco, ist Italien nicht mehr weit. Und einmal in Italien, können wir doch auch Bregenz mitnehmen. Und einmal am
Bodensee, liegen Stuttgart und das Mercedes-Benz-Museum
auf der Strecke. »Und von da aus ist es nur noch einen
Katzensprung bis in die Pfalz, da können wir gleich auch
noch Wein für dich kaufen …«

So kommen Europareisen zustande. Von Carlos ist jedenfalls kein Widerstand zu erwarten, der sagt zu allem Ja
und Amen, beziehungsweise: selbstverständlich, einverstanden. Und damit steht unsere Route, zumindest in gro-
ben Zügen.

Jetzt noch die Zwischenstationen. Von Nantes nach San
Sebastián zum Beispiel, das ist an einem Tag nicht zu schaffen. Was liegt auf halbem Weg? Bordeaux! Zwischen Barcelo-

na und Monaco bietet sich Marseille an. Mailand liegt auf dem Weg von Monaco zum Bodensee, die Fahrt von Stuttgart nach Emmerich lässt sich an einem Tag bewältigen, und das wär's. Im Großen und Ganzen.

Jetzt, wo's konkret wird, schreibe ich der *ADAC-Motorwelt* doch eine Mail. Wer weiß – schaden kann's nicht. Ich gebe mir sogar ziemlich Mühe:»Ihre Kollegin gab uns damals den Ratschlag, uns an Sie als *Motorwelt*-Team zu wenden, um unseren Plan vorzustellen … Diese Reise ist für mich ohnehin einmalig, aber durch Corona wird sie vermutlich noch außergewöhnlicher … Carlos ist bewusst, dass er die längste Zeit auf dieser Erde verbracht hat. Doch da ist noch dieser eine Traum: ein letztes Mal Europa sehen. Sollte es Ihnen einen Bericht wert sein, kontaktieren Sie mich bitte. Uns geht es bei dieser Reise um zwei Botschaften: Reisen kennt kein Alter, und: Wir müssen die Älteren unterstützen.« Mit anderen Worten: Ich greife in die Vollen. »Zwei Botschaften …« Ich finde, das hört sich gut an, das wertet unser Unternehmen erheblich auf. Daraufhin erhalte ich folgende Antwort:»Vielen Dank … Leider haben wir keine Möglichkeit, über Ihre außergewöhnliche Reise zu berichten … Das größte Problem ist der ständige Mangel an Platz … Wir hoffen, dass Sie über unsere Absage nicht allzu enttäuscht sind, und wünschen Ihnen und Carlos eine unvergessliche Reise.« Na ja, dann eben nicht. Wäre auch zu schön gewesen.

Aber so ganz will ich die Sache doch nicht auf sich beruhen lassen und melde mich noch einmal in Kleve bei unserer ADAC-Dame.

»Nicht möglich!«, sagt sie, als ich ihr von der Absage berichte. »Dann versuchen Sie's doch mal bei der *Auto Bild*!«

Und das mache ich. Aus »Liebes *Motorwelt*-Team« wird

»Liebes *Auto Bild*-Team«, alles andere bleibt gleich. Keine vierundzwanzig Stunden später erhalte ich einen Anruf aus Hamburg, wie mir die Vorwahl 040 auf meinem Handydisplay verrät.

»Hallo, Torben, hier ist Holger von *Auto Bild*.«

»Hallo, Holger.«

»Wahnsinn! Ich bin geflasht. Wir müssen über euch berichten! Wann habt ihr Zeit?«

»Holger, ich kann aber nicht nach …«

»Keine Sorge. Ich komme zu euch. Ich muss sowieso nach Köln.«

Wenn ich's mir heute überlege – ohne die ADAC-Mitarbeiterin in Kleve gäbe es dieses Buch nicht. Ohne Holger allerdings auch nicht. Diese zwei spüren etwas, und zwar auf Anhieb, was mir erst allmählich dämmert: dass diese Reise nicht nur für mich eine Riesenchance ist, sondern auch bei anderen einen Nerv trifft. Unser Vorhaben berührt auch Unbeteiligte – die Sehnsucht nach der Verbundenheit aller Menschen, egal welchen Alters, scheint weit verbreitet zu sein. Vielleicht reißen Carlos und ich tatsächlich eine Grenze ein, die Grenze zwischen der Welt der Alten und der Welt der Jungen, eine sinnlose, überflüssige, hässliche Grenze. Vielleicht sind meine zwei Botschaften also doch nicht zu hoch gegriffen.

Holger von *Auto Bild* kommt tatsächlich. Bei mir zu Hause herrscht helle Aufregung und Carlos versteht die Welt nicht mehr: »Wir sind doch noch nicht mal losgefahren!« Soll ich ihm sagen, dass die Reise selbst gar nicht so wichtig ist, dass es den Menschen um uns geht, um ihn und mich? Vermutlich würde er das noch weniger verstehen, er hält den Ball sowieso am liebsten flach. Auf jeden Fall gibt es jetzt ein Interview von einer Stunde und anschließend einen Fototermin in Carlos'

Garten. Der Artikel soll während unserer Reise erscheinen, ein zweites Interview wird für die Zeit nach unserer Rückkehr vereinbart, und damit wenden wir uns wieder den Reisevorbereitungen zu.

DER UNFALL

Nun geht's an die Feinarbeit. Bisher fand Carlos unsere Planungen noch ganz interessant, weil es auch aus seiner Sicht erlaubt ist, Reiseziele festzulegen. Aber jetzt, wo's ins Detail geht, wächst die Gefahr, dass ich mir seinen Zorn zuziehe, deshalb arbeite ich in meinem Zimmer am Computer und gehe nur hin und wieder zu ihm rüber, wo die Straßenkarten auf dem Wohnzimmertisch liegen.

Wie viele Kilometer liegen eigentlich genau zwischen unseren Etappenzielen? Wo könnte man zur Not noch Zwischenstation machen, falls eine Strecke sich als zu lang erweisen sollte? Wir haben uns ja vorgenommen, nur zweihundert, höchstens dreihundert Kilometer am Tag zu fahren, und zwar, wenn irgend möglich, auf Landstraßen, am besten auf landschaftlich schönen. Carlos hasst bekanntlich Autobahnen, dafür liebt er Landstraßen, und da niemand besser erklären kann als er selbst, was er an Landstraßen findet, soll er sich hier einschalten dürfen:

»Auf der Autobahn, da siehst du nichts, da rast du bloß durch. Aber in den Dörfern, den kleinen Dörfern, da erlebst du was, wenn du in die Kneipe kommst oder ins Hotel gehst. Mir ist es schon passiert, dass sich dann der Wirt mit an den Tisch setzt und erzählt und zwei, drei Gläschen Wein mittrinkt. Einmal war eine alte Oma in der Kneipe, die hat sich auch noch dazugesetzt, das war ein lustiger Abend. Ist doch alles viel gemütlicher, als über die Autobahn zu rasen.«

Stimmt natürlich. Aber über Landstraßen dauert es länger, und ohne Ortskenntnis ist schwer zu kalkulieren, um wie viel länger. Jedenfalls unterbreche ich meine Arbeit am Computer gelegentlich, um Carlos die geplante Route zu zeigen, und wie üblich ist er mit allem einverstanden.

»Können wir machen. Aber übertreib's nicht mit dem Planen!«

Wenn er wüsste … Den Besuch bei Angelika aber, der Chefin unseres Reisebüros, will ich ihm nicht verheimlichen, dorthin nehme ich ihn sogar mit. Ich habe nämlich keine Lust, nach einem anstrengenden Tag am Steuer auch noch ein Hotel suchen zu müssen, das kläre ich lieber im Voraus. Und Angelika lacht ungläubig: »Fünftausend Kilometer? In Coronazeiten?« Andererseits gibt es hier etwas zu verdienen, also legt sie los: Nach welchen Gesichtspunkten soll sie vorgehen? »Wir brauchen keine goldenen Wasserhähne«, erkläre ich. »Was wir brauchen, ist ein Doppelzimmer mit Einzelbetten. Auf die Einzelbetten lege ich größten Wert. Ansonsten sauber, mit Frühstück und Garage. Die Anzahl der Sterne ist mir egal.« Später schickt sie mir eine Vorauswahl mit zwei oder drei Hotels je Stadt, von der Carlos nichts erfährt, weil solche Maßnahmen bekanntlich überflüssig sind: Ein Bett für die Nacht kann der Mensch schließlich überall und jederzeit im Handumdrehen auftreiben.

Aber noch mal einen Monat zurück. Beinahe hätte ich verschwitzt, von unserem Unfall zu erzählen. Hätte nicht passieren dürfen, ist aber passiert; wäre trotzdem nicht der Rede wert, wenn es nicht den 124er getroffen hätte. Ebenjenes Fahrzeug, mit dem wir die Reise machen wollen.

Es ist Mitte Juni. Wir haben das übliche Programm in Düsseldorf absolviert, der Arzt hat Carlos' Reisefähigkeit bestätigt, soeben hat es zum ersten Mal seit Wochen wieder richtig geregnet, jetzt umrunde ich den Kreisverkehr zur Autobahnauffahrt Richtung Duisburg, fahre raus, gebe Gas – und verliere die Kontrolle über den Wagen. Mein 124er bricht hinten weg, kommt von der Fahrbahn ab und landet mit etwa dreißig Stundenkilometern im Graben. Während ich gegenzulenken versuche, höre ich Carlos sagen: »Was machst du denn jetzt?« Eine simple, sachliche Frage, aber im Augenblick schwer zu beantworten.

Wir hängen zwischen Fahrdamm und Böschung. Ich helfe Carlos aus dem Auto. Uns ist nichts passiert. Ich benachrichtige den ADAC. Jemand hält und bietet seine Hilfe an, allerdings von oben herab, mustert mich kritisch, äußert Mitleid mit unserem Mercedes, lässt durchblicken, dass er meine Blödheit für die wahrscheinlichste Unfallursache hält – und fährt davon. Als Nächstes taucht ein Fahrradfahrer auf. »Kann ich helfen? Was ist passiert?« Ich erwähne unser Abendessen, und prompt will er wissen: »Haben Sie was getrunken?« Nanu? »Aber einen Führerschein besitzen Sie?« Jetzt reicht's. Dann stellt sich heraus: Der Mann ist Polizist, wenn auch nicht im Dienst, und verzieht sich ebenfalls bald wieder.

Wir warten. Carlos läuft auf der Auffahrt herum. Er ist deutlich entspannter als ich und entschlossen, ungeachtet der vorbeirauschenden Autos zwei Dinge zu klären: 1. Wo sind wir von der Straße abgekommen, und 2. Wie konnte das passieren? Ich habe meine liebe Mühe, ihn zu bändigen; ein paarmal muss ich ihn am Ärmel von der Fahrbahn ziehen. Ein bisschen aufgewühlt ist er schon, aber unbeirrbar und stur wie immer.

Nach einer Stunde hält eine Frau an. Sie bietet Carlos an,

sich in ihr Auto zu setzen, womit er einstweilen in Sicherheit wäre. Dann taucht der ADAC auf – in einem normalen Pkw! »So kriegen wir dich hier nicht raus.« Klar. Also wird ein Abschleppunternehmen in Duisburg angerufen. Zum Glück hält sich das trübe, diesige Wetter, es bleibt trocken. Irgendwann trifft der Abschleppwagen ein. »Das wird schwierig. Und bevor ich dich rausschleppe, müssen wir die Auffahrt sperren.« Prost Mahlzeit. Als Nächstes warten wir also auf die Polizei.

So, die Ordnungshüter sind da, ein Mann und eine Frau. »Führerschein haben Sie was getrunken wer ist der alte Mann ist ihm was passiert?« Uff. Carlos, der jetzt wieder ins Geschehen einbezogen ist, fängt aus gegebenem Anlass mit seinen Kriegsgeschichten an, und drei Stunden nachdem der Unfall passiert ist, wird mein Auto endlich auf die Ladefläche des Abschleppwagens gehievt – Zeit, die Schäden in Augenschein zu nehmen. Nun, um es kurz zu machen: Da ein Kratzer, dort eine Delle, auch die Stoßstange vorn hat was abgekriegt, genug jedenfalls, um stinksauer auf mich selbst zu sein – und dann fängt es plötzlich auch noch an, in Strömen zu gießen. Klatschnass liefert uns die Polizei bei einem Restaurant ab, das gerade schließen will und auf die Bitte der Polizistin hin wieder öffnet. Die nächsten drei Stunden überspringe ich und verrate nur noch, dass wir nach Mitternacht mit einem Leihwagen in Emmerich eintreffen. Mein Auto dürfte hinüber sein, und damit ist auch die Reise gestorben. Oder sollen wir uns in Carlos' vergammeltem Mazda 929 auf den Weg machen?

OTTO? OTTO!

Die nächsten drei Wochen laufen bei mir unter der Überschrift: »Otto«. Schlicht und ergreifend: Otto. Wenn es in unserem Road-Movie drei Hauptdarsteller gibt, nämlich Carlos, den 124er und mich, dann ist Otto der Mann, der die Aufnahme- und Studiotechnik bedient – unsichtbar, aber unverzichtbar. Ich will ihn kurz vorstellen:

Otto ist zurzeit zweiundachtzig und hat seine Werkstatt hinter dem Haus eines meiner besten Freunde, der einen Tag älter ist als ich. Wir kennen uns von der Geburtsstation, also, dieser beste Freund und ich. Aber auch Otto ist mir seit Urzeiten ein Begriff, weil er immer schon dort war, wo er noch heute zu finden ist, und lange Zeit war er für mich jemand, der irgendwo da hinten rumwurschtelt und rumschraubt und dabei seine Angestellten rumkommandiert. Mit zweiundachtzig schraubt er immer noch rum, am liebsten an Oldtimern, inzwischen aber ohne schikanierbares Personal.

Nähere Bekanntschaft habe ich mit ihm jedoch erst durch den 124er gemacht. Unsicher, ob der Wagen wirklich was taugt, bin ich gleich zu Anfang mit der Karre bei Otto vorgefahren.

»Ich hab da mal eine doofe Frage. Meinst du, ich kann mit dem Fahrzeug durch Europa fahren?«

Darauf Otto: »Mit dem kannst du durch die ganze Welt fahren. Gib ihm Öl und er läuft.«

Otto ist in seiner Wortwahl nie heikel, aber jeden Satz von ihm kann man sich einrahmen und übers Sofa hängen. Für mich war damit klar: Wir werden die Reise mit einem Auto machen, das älter als sein Fahrer ist.

Gut, jetzt wird unser Unfallwagen also von Duisburg nach

Emmerich gebracht. Wohin damit? Gleich zu Otto. Und wie ist dessen Reaktion?

»Wann willst du los?«

»So in drei Wochen.«

»Bis dahin schnurrt er wieder wie ein Kätzchen.«

Mir fällt ein Stein vom Herzen. Jetzt zum Gutachter, wegen der Versicherung – und was sagt der? »Totalschaden.« Wie bitte?

»Ja, schau mal her. Da hat sich die Karosserie verzogen. Vielleicht kauft ihn dir noch einer ab.«

Nein! Ich bin völlig fertig. Carlos meint: »Kann doch nicht sein. Der rollt doch.« Ich wieder zu Otto, und seine Worte sind Balsam für meine Seele: »Der Gutachter spinnt. Völliger Schwachsinn.«

»Aber kann es nicht doch sein, dass mir unterwegs hinten alles wegbricht?«

»Klar. Und morgen kommt der Weihnachtsmann.«

Die nächsten zwei Wochen verbringe ich bei Otto in der Werkstatt, an manchen Tagen bis tief in die Nacht – ich, der gerade mal einen Nagel in die Wand schlagen kann. Erst kriegt Otto zu viel, aber nach drei Tagen kann ich mit Zange und Schraubenschlüssel schon so umgehen, dass er nicht mehr die Fassung verliert. Also: Stoßstange komplett abgenommen, Stoßstange geklebt und lackiert, Auspuff abgebaut und geschweißt, Prallschutz erneuert, Spur korrigiert. Dann fällt mir auf: »Der quietscht immer so.« Also Stoßdämpfer ausgebaut, Stoßdämpfer ersetzt.

»Und was knackt da in der Lenkung?«

Otto: »Ja, da knackt wirklich was.«

Also Federn ausgebaut, aha, die neuen Stoßdämpfer sind Mist, asiatische Imitate, aber Otto hat zwei gebrauchte in der Halle rumliegen, die also eingebaut, und das Knacken ist weg.

Aber am Ende, nachdem wir die Spur zum zweiten Mal neu eingestellt haben, knackt es schon wieder. Diesmal sind's die Gummis an der Querstange vorn, davon hat er noch welche vorrätig, aber es ist eine Sauarbeit. Wir ziehen und schrauben, und Otto flucht:»Das gibt's doch nicht! Abends um zehn noch mit der Stirnlampe in der Werkstatt rumrödeln, bloß um diese blöden Gummis abzukriegen!« Ein Kraftakt. Und nachdem das geschafft ist, gebe ich als Letztes zu bedenken: »Und wenn er geklaut wird?«

»Gut, bauen wir eben eine Alarmanlage ein.«

Sonntag sind wir fertig, Donnerstag soll's losgehen. Otto ist inzwischen von unserer bevorstehenden Reise genauso begeistert wie wir und überreicht mir zum Abschied eine Dose Pfefferspray.»Kann man immer gebrauchen. Man weiß da unten ja nie …«

Ich muss dazusagen: Otto kennt sich aus, er ist nämlich mit seinem Wohnmobil verschiedentlich durch Spanien und Marokko gefahren und hat sogar nach Teneriffa und Lanzarote übergesetzt. Das Verrückteste aber ist, dass er die Spraydose mit hautfarbenem Klebeband umwickelt hat, damit sie im Notfall völlig unbemerkt, sozusagen unsichtbar, dafür umso wirkungsvoller zum Einsatz kommt, weil ich den Überraschungseffekt auf meiner Seite habe. Nun, man wird sehen … Otto hat sich jedenfalls Gedanken darüber gemacht, wie er unser Überleben sichern kann, und setzt große Hoffnungen in diese Kombination aus Alarmanlage und Pfefferspray in Tarnfarbe.

Die letzten drei, vier Tage habe ich so viel um die Ohren, dass ich gar nicht dazu komme, mir auszumalen, was uns eventuell alles zustoßen könnte. Bis Mittwoch muss ich tagsüber im Büro noch die Stellung halten, und abends wird gepackt. Carlos ist überzeugt: Ihm reichen zwei Hemden und eine Ersatzhose. Ich widerspreche. Damit auch jeder versteht, wie hier ständig die Mentalitäten aufeinanderprallen, möchte ich Carlos noch einmal zitieren:

»Wenn man eine Reise plant, dann ist es keine Reise mehr. Ich plane nur das Ziel. Ich muss nur wissen, wo ich hinwill. Aber wie und wann, das lasse ich auf mich zukommen. Reise ist Überraschung. Man weiß nie, was kommt. Wenn man das wüsste, könnte man zu Hause bleiben.«

So. Jetzt kenne ich mich in seinen Kleiderschränken nicht aus, und Carlos stellt sich dumm – alles überflüssiger Wirbel, soll ich doch selbst zusehen … Ich stelle das halbe Haus auf den Kopf. Am Ende kommen insgesamt fünf Koffer und zwei Taschen zusammen, aber nicht, weil ich alles zehnfach einpacke, sondern weil ich unsere Klamotten so portioniere wie Carlos seine Brotscheiben: für jede Woche einen dann eben etwas leichteren Koffer, damit ich nicht Abend für Abend beim Einchecken wie ein Packesel das komplette Gepäck aufs Zimmer schleppen muss. Was ich im Endeffekt dann aber doch machen werde …

Und jetzt der Test: Wie viele Gepäckstücke passen überhaupt in den Wagen? Zu meiner Überraschung erweist sich der Kofferraum des Coupés als riesig; zusätzlich gehen sogar noch Carlos' Rollator, ein Campingstuhl und sein ältester Anzug von 1951 rein, ja, kein Witz, eine Maßanfertigung, auf die Carlos unmöglich verzichten kann.

Dann taucht ein neues Problem auf: Carlos' Zehenspitzen sind wund. Das heißt, für die Dauer der Reise werde ich seine Fußpflege übernehmen müssen, also erst ein Fußbad zubereiten, dann beide Füße mit Salbe eincremen und schließlich, auf Anraten des Arztes, die Füße in Klarsichtfolie einwickeln. Nicht die schönste Arbeit, muss aber gemacht werden. Im Übrigen erleichtert sein Humor vieles, und in diesem Fall wird sein Kommentar lauten: »Das machst du gut für dein Alter. Wie viel nimmst du pro Zeh?«

Am letzten Tag vor unserer Abreise geht's abends nach Düsseldorf zu Elisabeth, uns verabschieden. »Elisabeth«, sagt Carlos an ihrem Grab, »wir trauen uns. Wir machen jetzt die große Reise und sind dann mal für drei Wochen weg.«

Anschließend verabschiede ich mich von meinen Freunden. »Viel Spaß«, wünschen sie mir und äußern eine Bitte: »Halte uns auf dem Laufenden.« Wie das denn? Über Instagram. Na ja, eigentlich lehne ich Instagram ab, aber jetzt, für die Reise, um in Kontakt zu bleiben, lasse ich mich drauf ein. Selbstredend wird an diesem letzten Tag auch noch das Auto gewaschen und der Innenraum gesaugt, und damit kommen wir zu meiner vorläufig letzten Nacht im eigenen Bett.

DIE LETZTE NACHT IN MEINEM BETT

Ich schlafe schlecht in dieser letzten Nacht. Vor Aufregung. Mir geht alles Mögliche durch den Kopf, ganz banale Sorgen mit grundsätzlichen Überlegungen vermischt, alles wirr durcheinander. Hoffentlich wacht Carlos morgen rechtzeitig auf, denn wir wollen früh los – das fällt unter die banalen Befürchtungen. Schwerwiegende Bedenken habe ich, was den Ausgang unseres Unternehmens betrifft. Carlos spricht ja die ganze Zeit von einem »letzten Mal«, von seinem »letzten Traum«, und ich denke: Hoffentlich fährst du ihn nicht in seinen Tod. Nicht, dass du mit seinem Leichnam nach Emmerich zurückkehrst – oder mit einem Carlos, dessen Lebensmut und Lebenslust danach endgültig erschöpft sind. Allerdings macht sich Carlos selbst überhaupt keine Illusionen. Immer wieder spricht er von sich aus davon, dass es morgen zu Ende sein könnte. Wir leben beide mit der Vorstellung, dass jeder Tag für ihn der letzte sein könnte. Ich sage mir: Wenn er dieser Gefahr ins Auge sieht und trotzdem reisen möchte, dann soll es an mir nicht scheitern.

Also gemischte Gefühle, denn andererseits ist meine Vorfreude enorm. Es grenzt an ein Wunder, aber ich habe tatsächlich die Abenteuerlust in mir entdeckt. Mein Vater hat dabei kräftig nachgeholfen, mit Sätzen wie diesem: »Stell dir vor, du stehst eines Tages an Carlos' Grab und bereust, diese Reise mit ihm nicht gemacht zu haben, bloß weil du vor deinen Bedenken kapituliert hast …« Inzwischen ist mir jedenfalls klar geworden: Aller Wahrscheinlichkeit nach kommt die ungewöhnlichste Reise meines Lebens auf mich zu, mit täglich wechselnden Schauplätzen, in einem ausgefallenen Fahrzeug und mit einem noch ausgefalleneren Reisebegleiter. Natürlich habe ich keine Ahnung, was mich erwartet, aber diese Ungewissheit stört mich nicht mehr, ich bin einfach nur neugierig. Und trotzdem – in mir wogt es. Die Vorfreude ist riesig, die Verantwortung aber auch. Die Erwartungen sind hoch, aber verbunden mit einer unbestimmten Angst. Mein Entschluss steht seit Wochen fest, alle Vorbereitungen sind getroffen, aber trotzdem frage ich mich: War es die richtige Entscheidung oder begehst du gerade einen Akt grenzenlosen Leichtsinns? Also, wie soll man da Schlaf finden?

Irgendwann muss ich eingeschlafen sein, denn am nächsten Morgen wache ich auf, und der große Tag ist da. Ich denke: Heute Abend schläfst du in Versailles ein, und zwar mit Carlos im Nachbarbett. Unfassbar … Dann setze ich mich auf, sehe die Taschen, die Koffer und weiß: Es gibt kein Zurück mehr … Na gut, Torben. Lass es drauf ankommen. Von den nächsten drei Wochen kannst du später auf jeden Fall deinen Kindern und Enkeln erzählen, egal, was passiert. Auf geht's.

CARLOS ERINNERT SICH (X)

In der Hafenstadt Irun gab es eine deutsche Spedition. Mein Freund Julián, der Betriebsleiter im Walzwerk von Elgoibar, hatte mir geholfen, sie zu finden. Als ich in den Zug stieg, war halb Elgoibar am Bahnhof versammelt. Der Bahnsteig quoll über von Leuten, die alle von mir Abschied nehmen wollten; ich war ja einer von ihnen.

In Irun sagt der Chef dieser Spedition zu mir: »So in drei, vier Tagen kommt ein Frachtschiff aus dem Mittelmeer, das ist leer und fährt nach Deutschland zurück. Es legt hier im letzten spanischen Hafen noch mal an.«

Ich war übrigens nicht der Einzige. Außer mir gab es noch ein Dutzend andere Deutsche, die alle nach Hause wollten und Frankreich umgehen mussten.

Das Schiff kam. Der Kapitän wusste Bescheid, ein alter Seebär mit tiefem Bass, der jeden Morgen mit Rum gurgelte. Er hat uns Matratzen gegeben und wir haben uns unten in einer Ecke des Laderaums eingerichtet. Daneben war eine Kabine, da wurden die Mahlzeiten eingenommen. Wir waren blinde Passagiere, aber mit dem Einverständnis des Kapitäns. Und ich hatte Schiss. Wie kommen wir durch den Ärmelkanal? Die Franzosen kontrollieren doch alles …

»Stimmt«, sagt der Kapitän. »Im Kanal brauchen wir in der

Nacht einen ordentlichen Sturm, dann fahren die Franzosen nicht raus.«

Als wir uns dem Kanal näherten, kam tatsächlich Sturm auf. Gewitter, Donner, Regen, zehn Meter hohe Wellen – wir waren mehr unter als über Wasser, jeder von uns hat in der Ecke gestanden und gekotzt, aber dieses Wetter war uns gerade recht. Kein Franzose ließ sich blicken, und kaum waren wir durch den Kanal durch und wieder auf offener See, hatten wir den schönsten Sonnenschein.

Nach fünf Tagen Fahrt sind wir am 30. Dezember 1950 in Nordenham von Bord gegangen, das liegt gegenüber von Bremerhaven. Da standen welche vom Roten Kreuz und haben Zigaretten und Schokolade verteilt und jedem einen Zehnmarkschein in die Hand gedrückt. Den haben wir erst mal hin und her gewendet – was war das denn für Geld? Kannten wir nicht. Außerdem gab's eine Zugfahrkarte zum Entlassungslager in Friedland, weil wir noch Soldaten waren, obwohl der Krieg seit fast sechs Jahren vorbei war.

In Friedland traf man die ganzen Kollegen aus Russland. Wir Spanier waren nur ein paar Männekes. Jetzt brauchten wir einen Entlassungsschein aus der Wehrmacht. Sie wollten uns unsere Papiere fertig machen, und am nächsten Tag hätten wir gehen können. Aber als ich den Schlafsaal sah … lauter Etagenbetten mit Strohsäcken statt Matratzen und nirgendwo Brennholz für den Kanonenofen, da hab ich gesagt:»Nee, hier bleib ich nicht, hier is es mir zu kalt.«

Kurz vor Mitternacht hab ich mir meine Tasche geschnappt und bin durch den Schnee zum nächsten Bahnhof marschiert. Morgens um sechs fuhr der erste Zug, den hab ich genommen, Richtung Oberhausen. Papiere hatte ich keine, eine Fahrkarte hatte ich auch nicht. Dem Schaffner hab ich meinen Wehrmachtsausweis gezeigt, und der hat nur genickt. In Oberhausen bin ich in den Zug nach Emmerich umgestiegen.

In Emmerich macht meine Mutter die Tür auf und sagt: »Ich wusste, dass du kommst.«

»Woher denn? Ich hab doch nicht geschrieben. Ich wusste es doch selbst nicht.«

»Tja, hier sind schon zwei Briefe aus Spanien für dich.«

Ich guck drauf – da hat mir das Mädchen geschrieben, das ich in Spanien hatte. Sie hieß Amalia. Ihre Schwester hat einen von uns geheiratet. Die beiden habe ich später in Duisburg wiedergetroffen. Amalia hatte ihre Briefe an meine Eltern geschickt.

Am 1. Januar 1951 war ich jedenfalls wieder zu Hause. Nach zwei Jahren in Frankreich und drei Jahren in Spanien.

2. DIE REISE

DONNERSTAG, 23. JULI: EMMERICH – VERSAILLES

Nach dem Aufstehen rufe ich bei Carlos an – keine Reaktion. Wie so oft. Wenigstens ist er zu Hause. Das stelle ich fest, als er auf mein Klingeln hin öffnet. Meine Sachen habe ich schon im Kofferraum, jetzt packe ich seine dazu, die zwei Koffer, den Rollator und seinen Anzug von 1951. Der kommt frisch aus der Reinigung und eigentlich will er ihn jetzt gleich anziehen. Nein, protestiere ich, dann ist er schon zerknittert, wenn du ihn brauchst, um irgendwo unterwegs, in Barcelona oder Monaco, eine gute Figur zu machen. Deshalb kommt er so, wie die Reinigung ihn mir ausgehändigt hat, nämlich in Folie verpackt, zuoberst aufs Gepäck.

Um es vorwegzunehmen: Carlos hat diesen Anzug auf unserer Reise kein einziges Mal getragen. In der südlichen Sonne hätte er sich darin zu Tode geschwitzt. Aber drei Wochen lang habe ich den Anzug, weil er obenauf lag, bei jedem Einzug ins Hotel wie eine Trophäe vor mir hergetragen, immer samt Folie an der Rezeption vorbei und im Aufzug oder über die Treppe ins Zimmer. Vermutlich hat er die Reise gar nicht als Kleidungsstück, sondern als Glücksbringer mitgemacht. Carlos hängt nämlich schon wegen dessen hohem Alter von beinahe siebzig Jahren an dem Anzug, und außerdem: Er stammt von Jupp, jenem Schneidermeister aus Viersen, der die Strapazen des Marschs von Losheimergraben zum Bodensee mit ihm zusammen durchlitten hat. Ohne seinen Anzug würde Carlos jetzt jedenfalls nicht losfahren.

Mein Vater schießt das Abschiedsfoto. Ich fotografiere den aktuellen Kilometerstand: 143 000. Eine letzte Umarmung und dann machen wir uns definitiv vom Acker. Also los, den

Motor gestartet, uns seinen 132 PS anvertraut und Kurs auf die Rheinbrücke genommen.

Herrlichstes Wetter. Zehn Minuten später sind wir bereits im Ausland. Obwohl – die Niederlande zählen noch nicht so richtig dazu; ich habe nämlich drei Jahre in Holland gelebt. Knapp ein Jahr nach meiner Geburt sind wir in die Nähe von Eindhoven gezogen, wo mein Vater als Hauptfeldwebel der Luftwaffe stationiert war. Ich konnte Niederländisch reden, bevor ich Deutsch konnte. Ich bin aus dem Kindergarten gekommen und habe meine Eltern auf Niederländisch begrüßt. Allerdings kann fast jeder in Emmerich die Sprache unserer Nachbarn, mehr oder weniger fließend natürlich.

Aber Belgien geht als Ausland durch. Wir lassen Lüttich links liegen, der Verkehr fließt, und da wir heute gegen Carlos' Autobahnverbot verstoßen, finde ich Zeit, den Mercedesstern auf meiner Motorhaube zu betrachten. Ein fantastischer Anblick. Kein anderes Fahrzeug käme für mich infrage. Schon als Kind habe ich mich auf der Straße wie elektrisiert nach jedem Auto mit einem Stern umgedreht. Bei Audi oder BMW habe ich rein gar nichts gespürt, aber bei Mercedes kam es über mich. Carlos trauert immer noch seinem Borgward Isabella nach; ich genieße es, in einem Erzeugnis aus dem Hause Daimler-Benz zu sitzen.

An einer Tankstelle kurz vor der französischen Grenze laufe ich um den Wagen herum und stutze. Aus dem Auspuff quillt etwas heraus. Eine faserige Masse, die wie Fell aussieht. Das Zeug hat sich sogar schon um die Anhängerkupplung gewickelt. Was ist das denn? Mir fällt ein: Da war ein totes Tier auf der Fahrbahn. Sollte der Kadaver etwa …? Aber wie wäre er in den Auspuff gelangt? Ich werde nervös. Die Leute gucken schon, ich starre meinen Auspuff an. Sind die roten Punkte Blut? Ich reiße die Motorhaube auf – wo ist das Vieh? Nichts zu sehen. Ich rupfe das Zeug aus dem Auspuff, wir fahren weiter. Trotz Corona keine Kontrollen an der französischen Grenze; fast hätten wir den Übergang von einem Land zum anderen gar nicht bemerkt. Aber was machen Fellfetzen in meinem Auspuff? Die Sache lässt mich nicht los.

Frankreich im Sonnenschein. Zum ersten Mal seit unserem Aufbruch heute Morgen habe ich das Gefühl, unentrinnbar in dieses Abenteuer verstrickt zu sein. Carlos sitzt, wie immer erzählenderweise, als lebender Podcast neben mir, und dieses Land, diese Erde, das ist sein Reich, seine Geschichte, seine Vergangenheit. Das meiste von dem, was er erzählt, habe ich schon gehört, aber allmählich kommt Farbe und Leben in die Geschichten. Jedenfalls ist er nie um Worte verlegen; zu allem gibt es eine Anekdote, und eine Erinnerung führt zur nächsten. In den Niederlanden habe ich mein Autoradio abgestellt – kein Bedarf. Wann werde ich es wieder einschalten? Knapp drei Wochen später, auf dem Rückweg, als wir wieder in Deutschland sind.

Noch zweihundert Kilometer bis Paris. Die Stadt war ursprünglich als erste Station geplant, doch der ADAC hat uns gewarnt: Paris ist Umweltzone, da kommt ihr mit eurem alten Mercedes nicht rein – aber Versailles liegt außerhalb der Zone. Gut, dann eben Versailles, also gegen Abend runter von der Autobahn – und in die erste Mautstation reingerauscht. Für einen unerfahrenen Europareisenden wie mich Grund genug, nervös zu werden: Wie geht das? Wie macht man das? Komme ich glatt durch oder bleibe ich aus eigener Dummheit stecken und blockiere die Spur? Blamage droht! Schon der Anblick dieser Apparatur mit ihren Schlitzen und Klappen macht mich verrückt, und hinter uns ist eine Schlange von Autofahrern, die höchstwahrscheinlich ein flottes Prozedere erwarten. Ich führe die Kreditkarte ein, die Schranke geht auf, ich gebe Gas – puh, geschafft!

Als ich den Wagen vor unserem Hotel in Versailles zum Stehen bringe, sind wir beide erschöpft. Fünfhundertsechzig Kilometer – die längste Etappe dieser Reise liegt hinter uns. Mein erster Blick gilt dem Auspuff: Aha, diesmal kein Fell. Erleichterung!

Vor unserer ersten Übernachtung sollte ich kurz erklären, wie ich die leidige Zimmerbuchung hinter Carlos' Rücken gelöst habe, nämlich so: Sämtliche Hotels wurden von mir noch in Emmerich ausgesucht, aber die Buchung erledigt Angelika von unserem Reisebüro jeweils nur für die nächsten vier, fünf Nächte. Man kann nie wissen: Hält Carlos durch, hält der Wagen durch, halte ich durch, oder macht Corona uns dreien einen Strich durch die Rechnung? Sobald wir das Weitere absehen können, werde ich Angelika anrufen: »Bitte die kommenden vier Nächte abklären!«

Und nun zum berühmtesten aller Schlösser: Versailles. Es befindet sich quasi um die Ecke und es ist wirklich riesig, entlockt Carlos aber trotzdem nur ein trockenes »Was ist das?«. Viel interessanter findet er ein anderes Thema: »Wo gibt's hier was zu essen?«

»Lass mich wenigstens ein Foto machen.« Aber seine Frage ist berechtigt; wir haken das Schloss ab und fahren zurück in die Stadt.

Ein Restaurant ist schnell gefunden, ein Parkplatz nicht. In den Nebenstraßen ebenfalls alles belegt. Endlich taucht ein freier Behindertenparkplatz auf, und dann – ja, jetzt dauert's eben. Mein Mitfahrer ist dreiundneunzig. Irgendwann hat Carlos sich aus dem Auto geschält, irgendwann rattert er mit seinem Rollator übers Kopfsteinpflaster, irgendwann schaffen wir's tatsächlich bis zur Tür des Restaurants, das wir im Auge haben, doch dann ist es bis auf den letzten Platz besetzt. Im zweiten, im dritten Restaurant dasselbe. Ich staune. In Deutschland regiert Corona, und hier scheint kein Mensch von der Existenz dieses Virus zu wissen.

Solche Situationen erfordern Geduld, aber Geduld habe ich gelernt. In den letzten vier Jahren hatte ich Gelegenheit genug, meine Zeitrechnung umzustellen, von ruckzuck auf sehr langsam, sehr gemächlich, und endlich haben wir doch Erfolg: Mit meinem löchrigen Schulfranzösisch ergattere ich einen Tisch in einem hübschen Health-Food-Restaurant, alles bio, alles öko. Also für Carlos einen Wein, für mich einen Karotten-Ingwer-Tee (von der Kellnerin als »*very delicious*« angepriesen), dann ein Risotto für Carlos, Nudeln mit Krabben für mich, und alles tatsächlich *very delicious*.

Mein Fazit des ersten Tages lautet: Mit Carlos wird es nicht langweilig; er kommentiert und erzählt, ist schlagfertig und manchmal witzig. Allerdings fehlt mir auch nichts, wenn er zwischendurch mal einschläft. Und wenn es gegen Ende so ausgesehen hat, als sei er doch arg mitgenommen, ist es wie immer: Sobald ein Weinglas vor ihm auftaucht, sobald ihm der Duft von Essbarem in die Nase steigt, verwandelt er sich in den zufriedensten Menschen der Welt zurück.

Am späten Abend sitzt er abgekämpft auf der Bettkante, aber bis dahin habe ich noch kräftig in den Lauf der Dinge eingreifen müssen. Hatte ich nicht um ein Doppelzimmer mit zwei Einzelbetten gebeten? Und was finden wir vor? Ein Doppelbett und eine Schlafcouch. Einzelzimmer kommen natürlich gar nicht infrage, mir wäre einfach nicht wohl dabei, Carlos in ermattetem Zustand auf sich allein gestellt in einem anderen Teil des Hotels zu wissen. Aber bitte, wenn schon Doppelzimmer, dann wenigstens die Nacht über jeder für sich im Einzelbett. Also räume ich das Zimmer jetzt um, ziehe die Schlafcouch aus, sichere mir eine Decke vom Doppelbett und warte dann, bis Carlos sein abendliches Ritual im Badezimmer hinter sich gebracht hat.

Ja, er schnarcht, und Pfropfen in den Ohren kann ich nicht leiden. Diese Nacht gerät zur Belastungsprobe. Die nächste ebenfalls. Aber alle weiteren Nächte werde ich selig durchschlafen.

FREITAG, 24. JULI: VERSAILLES – NANTES

Carlos rasiert sich, als hätte er alle Zeit der Welt. In den Morgenstunden laufen die Uhren in seinem Universum noch langsamer als sonst. Aber was soll's. Dampf zu machen wäre völlig zwecklos, deshalb beschäftige ich mich lieber mit der erfreulichen Aussicht auf einen schönen, warmen Tag. Wegen Corona wird uns das Frühstück in einer Papiertüte aufs Zimmer gebracht.

»Wie schmeckt's dir?«

»Ich esse alles, was kommt.« Und dann, unvermittelt, zwischen zwei Bissen: »Hauptsache, sie ist über achtzehn.«

So wie in diesem Moment zeigt sich immer wieder, dass Carlos' Gedanken sich nicht nach seinem Alter richten. In seinem mächtigen Schädel herrscht offenbar ein ewiger Sommer des Lebens. Aber zurück zur Wirklichkeit: Heute geht's in die Hafenstadt Nantes an der Loire, wo wir die zweite Nacht verbringen wollen, und vorher steht das sagenumwobene Lorobotero auf dem Programm.

Gegen elf Uhr brechen wir endlich auf. In der Tiefgarage macht sich neben uns eine deutsche Familie an ihrem Fahrzeug zu schaffen und es kommt zu dem üblichen freundlich-interessierten Wortwechsel:

»Wir fahren heute nach Nantes, haben aber noch Größeres vor.«

»Was denn?«

»Einmal durch Europa.«

Der Gesichtsausdruck der Frau spricht Bände. »Viel Spaß noch!« Aber sie scheint nicht wirklich zu glauben, dass man in dieser Konstellation sehr weit kommen kann.

Für Menschen, die fünftausend Kilometer und eventuell mehr vor sich haben, finde ich Autobahnen recht praktisch, aber ich merke, wie Carlos unruhig wird. Er will was sehen, er will auf die Landstraße, also verlasse ich die Autobahn bei Le Mans, nehme die Nationalstraße nach Angers und folge dann dem Lauf der Loire. Mit heruntergelassenen Fenstern und geöffnetem Schiebedach fahren wir durch bezaubernde Dörfer am Fluss, und von Behagen überwältigt lässt Carlos mich wissen, dass er solche Reisen täglich machen könnte. Auch bei mir stellen sich Urlaubsgefühle ein.

Das Frühstück in Versailles war so üppig, dass wir ein Töpfchen Marmelade und zwei Croissants als Reiseproviant abzweigen konnten. Hinter Angers halten wir in dem Dorf St.-Georges-sur-Loire an. Da gibt es einen Platz mit Kirche und Rathaus aus grauem Stein, ideal für ein zweites Frühstück, ein Picknick auf dem Bürgersteig, und jetzt fallen wir beide allerdings auf: ein altes Auto, ein deutsches Nummernschild, ein hochbetagter Herr im Campingstuhl, daneben so ein Bürschchen wie ich, beide in Ferienlaune – ja, man registriert uns, man grüßt uns, und ganz offensichtlich gönnt man uns das Vergnügen.

Dank Navi spüren wir schließlich das Örtchen Le Loroux-Bottereau auf, mit dem Carlos die schönsten Erinnerungen verbindet, der Schauplatz vieler seiner Erzählungen und für mich geradezu legendär – doch Carlos erkennt nichts wieder. Ist er enttäuscht? Wahrscheinlich. Über siebzig Jahre ist seine Kriegsgefangenschaft her, aus den knapp dreitausend Einwohnern von damals sind inzwischen neuntausend geworden, und seine Erinnerungen passen nicht mehr zu diesem Ort des Jahres 2020. Erkennt er nicht wenigstens den See mit der mittelalterlichen Befestigungsanlage am Ufer wieder, wo »der Alte«, sein Freund und Wohltäter, die Weinfässer gelagert hatte, wo nach beendeter Weinlese fröhliche Feste im Kreis der Pflücker gefeiert wurden? Nein, und auch das Weingut, wo man ihn wie einen verlorenen Sohn aufgenommen hatte, ist unauffindbar. Schade. Noch hoffe ich, dass er sich von der Kirche in der Ortsmitte aus orientieren kann, aber Carlos schaut sich nur hilflos um, wieder gibt sein Gedächtnis nichts her, und wir fahren weiter.

Am Ortsausgang fotografiert er mit seinem alten Fotoapparat das Ortsschild. In seiner korrekten französischen Schreibweise wird ihn wahrscheinlich nicht einmal der Name davon überzeugen können, noch einmal in das Lorobotero seiner Vergangenheit zurückgekehrt zu sein. Schweigsam geht es jetzt an der Loire entlang nach Nantes.

Laut Navi soll es hinter der Brücke gleich links zu unserer heutigen Unterkunft abgehen. Ich bete, dass es nicht der schäbige, graue Kasten ist, der sich da vorn schamlos als Hotel zu erkennen gibt, aber natürlich ist er es. Na gut, Carlos ist anspruchslos, und ich bin bereit, Enttäuschungen bis zu einem gewissen Grad unter Abenteuer zu verbuchen, aber als ich das Zimmer sehe, reicht's mir: Mit der Trostlosigkeit hier könnte ich mich noch abfinden, mit dem Doppelbett allerdings nicht! Ich runter zur Rezeption, meine Beschwerde vorgebracht und nach kurzer Verhandlung ein neues Zimmer bekommen – zwar mit Einzelbetten, aber so schmal wie Feldbetten, und die Trostlosigkeit gehört hier offenbar zur Geschäftsphilosophie. Einen Vorteil hat dieser Doppelbett-Schlamassel immerhin: Mein Schulfranzösisch kommt allmählich in Schwung.

»Und wo gibt's hier was zu essen?« Das ist Carlos, wieder mal vollkommen unbeeindruckt.

Nun, wenn man den ganzen Tag am Steuer gesessen hat, hat man abends keine große Lust mehr auf städtischen Feierabendverkehr. Man hat aber schon gar keine Lust, wieder aus der Stadt hinauszufahren, um sich in der Umgebung auf die Suche nach einem urigen Landgasthof zu begeben – genau das jedoch schwebt Carlos vor. Es verlangt ihn, wie üblich, nach einer gemütlichen Kneipe mit Wirtsleuten, die noch ein Ohr für ihre Gäste haben, oder kurz gesagt, nach neuen Zuhörern für seine alten Geschichten. Mir hingegen graut es bei der Vorstellung, auf gut Glück über Landstraßen zu irren, mir steht der Sinn nach dem erstbesten Restaurant, ich will lediglich auf der Stelle meinen Hunger stillen. Also die erste Meinungsverschiedenheit.

Nun ist es so: Eigentlich ist Carlos unkompliziert – eine ganz, ganz großartige, viel zu selten gelobte Eigenschaft. Außerdem begegnet er jedem auf Augenhöhe, und auch, wenn er in der Vergangenheit wenig auf das gegeben hat, was ich gesagt oder gemeint habe, hat er mich nie von oben herab behandelt. Jeder, wirklich jeder Mensch ist für ihn gleichwertig. Diese Unkompliziertheit wird sich während unserer ganzen Reise als enormer Vorteil erweisen, und normalerweise lässt Carlos über alles mit sich reden, gewöhnlich ist jede Verstimmung nach fünf Minuten schon wieder vergessen. Von gewissen Dingen aber hat er sehr präzise Vorstellungen: von Kneipen, Lokalen, Restaurants zum Beispiel, und bei diesem

Thema ist Kompromiss für ihn ein Fremdwort. Meinungsverschiedenheiten laufen dann auf ein Kräftemessen hinaus, das der größte Starrkopf für sich entscheidet – wobei heute ich gewinne. In Nantes wird zwei Häuser weiter zu Abend gegessen, einen Katzensprung vom Hotel entfernt. Hoffentlich schmeckt's da wenigstens …

Sofort ist Carlos wieder in seinem alten, gemütlichen Fahrwasser. »Ach was«, sagt er. »Hauptsache, der Wein schmeckt. Prost.« Und dann nimmt dieser schwierige Tag doch noch die glücklichste aller Wendungen, denn der Zufall will, dass eine der Kellnerinnen mal in Spanien studiert hat. Ein gefundenes Fressen für Carlos, der an diesem Abend doch unbedingt ins Erzählen kommen wollte. Solange er Spanisch sprechen kann, ist er sowieso im siebten Himmel, und dann ist auch noch das Essen ausgezeichnet, deshalb kann uns dieses widerspenstige Lorobotero von heute Morgen jetzt den Buckel runterrutschen.

Wieder etwas dazugelernt: Offenbar kann man sich auf das Abendessen in Frankreich blind verlassen. Diese Erkenntnis wird in Zukunft entscheidend zu unserer Gelassenheit beitragen. Die Fahrt mag schweißtreibend und für den Fahrer anstrengend gewesen sein und das Hotelzimmer ohne Charme, dafür mit Doppelbett – egal, der Tag wird bei einem guten Abendessen auf jeden Fall erfreulich enden. Und Nantes hält noch ein weiteres wohltuendes Finale für uns bereit, nämlich den Blick vom Hotelfenster auf die gemächlich dahinfließende Loire im goldenen Abendsonnenlicht.

SAMSTAG, 25. JULI:
NANTES - BORDEAUX

Ich wache auf, schiele zu Carlos hinüber, sehe, wie er sich im Bett dreht, wie er der Bettkante gefährlich nahe kommt, wie seine Füße schon in der Luft hängen … Geistesgegenwärtig springe ich auf und kriege ihn gerade noch an der Schulter zu fassen, bevor er rausfällt. Carlos daraufhin:»Hast du Frühsport gebucht?« Witzbold. Jedenfalls sind wir jetzt beide hellwach.

Später kommt er aus dem Badezimmer und sagt:»Das hier ist das schlechteste Hotel der ganzen Reise.«

»Aber es ist doch erst das zweite …«

»Ach so. Na schön, in dem Fall ist es das zweitbeste.« So ist er. Im Handumdrehen ist das leere Glas wieder halb voll.

Das Frühstück findet diesmal im Saal statt. Am Buffet deute ich mit dem Finger auf alles, was wir essen wollen, unter anderem zwei gekochte Eier. Sie werden gebracht. Carlos klopft mit seinem leicht auf die Tischplatte, um die Schale zu lockern, und das Ei zerspringt – es ist beinahe roh. Das wässrige Innere ergießt sich über den Tisch, läuft auf den Boden, und reaktionsschnell bringt Carlos seine Hosenbeine in Sicherheit. Was soll heute noch schiefgehen? Erst der Beinahesturz aus dem Bett, jetzt das geplatzte Frühstücksei – wir blicken mit Optimismus in den Tag.

Für Carlos hat sich das Hotel endgültig erledigt. Man darf seine Gutmütigkeit auch nicht überstrapazieren. Er will nur noch weg, Richtung Heimat, also nach Spanien. Wir verstauen alles wieder im Wagen, den Rollator, die Koffer, den berühmten Anzug von 1951, und machen uns auf den Weg nach Bordeaux, ohne dem zweitbesten Hotel unserer Reise noch einen Blick zu gönnen.

Das Wetter ist nicht berauschend, und vor uns liegt eine Strecke von dreihundertfünfzig Kilometern. Ist unter diesen Umständen Autobahn erlaubt? Ja, wenigstens zu Anfang. Beim Frühstück hatte ich auf der Karte die Stadt Royan am Nordufer der Gironde entdeckt und Carlos erfolgreich vorgeschlagen, von dort aus am Flussufer entlang nach Bordeaux zu fahren. Bei Niort verlassen wir die Autobahn, was sich nach kürzester Zeit als geniale Entscheidung herausstellt.

In gemächlichem Tempo geht es durch Rapsfelder, durch Sonnenblumenfelder. Es ist, als hätten wir irgendwo südlich von Nantes eine unsichtbare Grenze überschritten und wären in eine friedlichere und schönere Welt eingetaucht. Dann kommt die Sonne heraus und wir geraten in beste Reiselaune. An diesem Samstagmittag hat sich das Leben aus den Dörfern zurückgezogen, die Dorfstraßen wirken verlassen, nur hin und wieder folgt ein neugieriges Augenpaar dem Auto mit dem deutschen Kennzeichen. Und diese Weite jedes Mal, wenn wir aus einer Ortschaft herauskommen! Zwischendurch wird es so einsam, dass ich denke: Sollten wir hier im Nirgendwo eine Panne haben und liegen bleiben – kein Mensch würde uns finden. Ein beglückender Gedanke. Mehr Abenteuer kann man in Europa nicht verlangen. Ich fühle mich wohl, ich fühle mich frei, ich habe den Eindruck, dem Sinn des Reisens näherzukommen.

Carlos geht es genauso. »Hier sind wir richtig«, stellt er einmal mit tiefer Genugtuung in der Stimme fest, und später meint er: »So was sieht man sonst nirgendwo.« Gewöhnlich beschäftigt ihn zwei Stunden nach dem Frühstück ein ganz anderes Thema, nämlich: »Wo essen wir heute zu Mittag?« – ihm liegt nun mal wahnsinnig viel an bestmöglicher und regelmäßiger Verpflegung –, aber jetzt gehen seine Gedanken in eine andere Richtung. »Wenn du alt wirst«, wendet er sich an mich, »kannst du vieles nicht mehr machen. Auch das, was du für dein Leben gern tun würdest, ist nicht mehr möglich. Besser, du machst es jetzt. Du tust jetzt, was du tun willst, du fährst jetzt dahin, wo du hinfahren willst. Wenn du alt bist, sitzt du nur noch zu Hause rum und bist froh, mal nach Düsseldorf zu kommen.«

Heute, am dritten Reisetag, ist etwas mit uns passiert. Ich glaube, wir haben unseren Rhythmus gefunden. Wahrscheinlich sind wir weit genug von zu Hause entfernt und tief genug ins Unbekannte vorgedrungen, um endlich wirklich aufnahmefähig zu sein, und damit stellt sich ein anderes, schöneres Lebensgefühl ein. Mit einem Mal merke ich, wie befreiend es ist, sich dem Zufall zu überlassen, sich vom Augenblick beschenken zu lassen. Das stimmt mich nachdenklich. Höre ich da nicht Carlos reden? Stammt nicht der folgende Ausspruch von ihm: Nicht nach der Uhr gucken. Hauptsache, die Gegend ist schön und der Wein fließt? Ist das vielleicht die Zauberformel?

Jedenfalls werde ich mich später, nach unserer Rückkehr, jedes Mal freuen, wenn Carlos mit hörbarer Zufriedenheit erzählt: »Wir hatten nichts geplant. Wir hatten nur ganz grob unsere Ziele festgelegt und sind dann einfach drauflosgefahren.« Na schön, stimmt bekanntlich nicht ganz, aber wenn's ihm so vorgekommen ist, habe ich alles richtig gemacht. Und dann befinden wir uns jetzt tatsächlich auf einer seiner spontanen Spazierfahrten, nur dass sie uns schon weit in den Süden geführt hat.

Also, besser weniger Pläne machen. Nicht täglich den Kontostand prüfen. Wenn ich im hohen Alter auf mein Leben zurückblicke, werde ich mich nicht mehr an meinen Kontostand vom 25.7.2020 erinnern. Ich werde mich an diese Reise erinnern, und es ist sonnenklar, worin das größere Glück liegt. Den Fahrtwind im Gesicht, gemächlich durch diese Landschaft zu fahren, das ist mehr wert als das meiste, was mir bislang wichtig war. Und so kommen wir nach Royan.

Vor uns schimmert das Meer, in Wahrheit die Gironde, die hier in der Nähe der Mündung in den Atlantik breit wie der Amazonas ist. »Ich hab schon fast alles gesehen«, meint Carlos. »Aber hier war ich noch nicht.«

»Sollen wir aussteigen?«

»Klar, ich mach alles mit.« Und plötzlich, auf der Uferpromenade: »Wo ist denn der weiße Mann?«

Ich stutze. »Der weiße Mann? Keine Ahnung.«

»Was? Nie gehört? Der weiße Mann und das Meer?«

Aha, von daher weht der Wind; Carlos ringt mit Hemingway, hat ihn aber noch nicht richtig zu fassen gekriegt. Ich meinerseits hätte jetzt gern ein Foto von uns zwei weißen Männern vor dem Meer – soll ich jemanden bitten, eins zu machen? Wie sie hier wohl darauf reagieren, in Coronazeiten? Aber um uns herum trägt keiner eine Maske, es ist überhaupt kein Problem, wir bekommen unser Foto.

Nun ist es ja so: Wo Carlos ist, da ist der Krieg nie fern, und hier in Royan rückt er jetzt sogar in greifbare Nähe, in Form eines Bunkers und einer Gedenktafel: »In Erinnerung an die Helden der Operation Francton.« Wie sich herausstellt, sind im Dezember 1942 Männer eines englischen Spezialkommandos mit Kajaks von hier aus die Gironde hochgefahren, um im Hafen von Bordeaux Sprengstoffanschläge auf deutsche Schiffe zu verüben. Die Verluste unter den Engländern müssen groß gewesen sein, die Schäden an den deutschen Schiffen aber auch, sonst würde man hier wohl kaum etwas über diese Guerillaaktion erfahren. Dass mir solche Gedenksteine auffallen – und mich solche Ereignisse überhaupt interessieren –, ist wohl auch ein Ergebnis meiner Freundschaft mit Carlos.

Und nun beginnt der schönste Streckenabschnitt des Tages. Zu unserer Rechten glitzert die immense Wasserfläche der Gironde, zu unserer Linken erstrecken sich Weinberge und Felder. Die Uferstraße verlangt nach einer gemächlichen Gangart und wir lassen uns viel Zeit. Kaum ein Auto kommt uns entgegen, wir haben die friedliche Landschaft ganz für uns, halten hier und da kurz an, steigen aus und machen Fotos. Auf einem posiert Carlos im Weinberg, als alter Winzer, der mit seinem Leben und seinem Wein mehr als zufrieden ist.

Gegen achtzehn Uhr erreichen wir Bordeaux. Das Hotel ist ansprechend, die Zimmer sind es auch; Einzelbetten machen das Glück perfekt. Ich rücke Carlos' Bett gleich an die Wand und reduziere so die Gefahr, dass er noch einmal beinahe herausfällt, um fünfzig Prozent.

»Bist du müde?«

»Och, müde nicht. Aber k. o.« Hunger habe er auch keinen, Lust auf ein Abendessen aber sehr wohl.

Im Stadtzentrum merken wir: Bordeaux ist eine fantastische Stadt! Geschichtsträchtig, gleichzeitig jung und lebendig, dazu der breite Fluss mit seinen von Spaziergängern bevölkerten Ufern … Als wir aus der Tiefgarage auftauchen, stehen wir auf einem schönen, von barocken Gebäuden umrahmten Platz mit prachtvollem Brunnen, das Ganze ins warme Licht der Abendsonne getaucht – hier lässt es sich aushalten. Aber das Abendessen ist ein Reinfall; unverschämte Preise für winzige Portionen, im Grunde bloß Fingerfood, ganz lecker, aber lächerlich wenig. In dieser traumhaften Stadt gehen wir mit knurrenden Mägen zu Bett.

Als Carlos schon selig schlummert, werfe ich noch einen

Blick auf die Karte. Morgen Abend werden wir in spanischen Betten schlafen. Ob Carlos finden wird, wovon er träumt? Die Señoritas, denen er damals schöne Augen gemacht hat, wird er jetzt jedenfalls unter den Urgroßmüttern von Elgoibar suchen müssen. Übrigens rate ich auch von dem Trüffelflammkuchen ab, den wir auf Empfehlung des Kellners als letzten Sättigungsversuch geordert hatten. Der war ein hauchdünnes Etwas mit Trüffelgeschmack und genauso wenig dazu imstande, zwei ausgezehrten Reisenden das erhoffte Völlegefühl im Magen zu schenken. Ein herrlicher Tag war's trotzdem. Die Landschaft war schön, der Wein ist geflossen, und auf die Uhr haben wir auch nicht geschaut.

SONNTAG, 26. JULI: BORDEAUX - EIBAR

Carlos hat gut geschlafen und ist blendender Laune.

»Heute geht's nach Spanien«, sage ich.

Darauf er: »Spanien? Spanien? Ach ja, ich kann mich schwach erinnern.«

Unser Hotelbadezimmer ist mit einer fabelhaften Dusche ausgestattet – fest installierte Regenfalldusche plus Handbrause –, und Carlos beschließt, sie in Anspruch zu nehmen. »Wo ist das Shampoo?« Wir sind inzwischen so weit, dass wir uns nicht mehr voreinander schämen, und ich reiche es ihm hinein. Aber dann kommt er mit den Reglern nicht zurecht, will die Handbrause aufdrehen und erschrickt, als das Wasser stattdessen von oben kommt. Wir lachen; ich über ihn, er über sich selbst.

Ich sagte es bereits: Carlos lässt sich nicht hetzen. Er lässt sich nie hetzen, er hat sich »noch nicht mal beim Militär« hetzen lassen, er lässt sich auch bei der Morgentoilette nicht hetzen. Es dauert. Eine Stunde? Anderthalb Stunden? Es kommt ihm nicht drauf an; ich muss warten, das Frühstück muss warten. Wer mit Carlos keine Geduld lernt, wird sie nie lernen. Daheim in Emmerich läuft es ja genauso: Wir haben einen Arzttermin, wir sollten pünktlich sein, ich zeige nervös auf die Uhr und er ermahnt mich mit aller Gemütsruhe: »Torben, lass dich nicht stressen.« Komischerweise habe ich mir diese Trödelei nach drei Reisetagen schon selbst angewöhnt und finde es gar nicht mehr so schlimm, gemächlich in den Tag zu starten. Ursprünglich hatte ich eine halbe Stunde für Aufstehen, Morgenwäsche und den Gang zum Speisesaal einkalkuliert, aber anderthalb Stunden brauchen wir mindestens. Carlos ist eben ein sehr, sehr gemütlicher Mensch; vielleicht einer der Gründe für sein langes Leben.

Aber dann: wunderbares Frühstück auf der Dachterrasse bei Superwetter. »*Buenos dias, señor*«, sagt er, als ich mich zu ihm an den Tisch setze. Seine zweite Heimat rückt näher, nach zwanzig, vielleicht fünfundzwanzig Jahren Abstinenz. Das Autofahren hat er 2013 ganz aufgegeben, wobei die Zeit seiner großen Auslandstouren schon länger zurückliegt. Damals gab es die Augenoperation, die fehlgeschlagene, danach ist er auf einem Auge weitgehend erblindet und hat sich nie wieder ans Steuer gesetzt.

In der Tiefgarage schaue ich zum ersten Mal auf dieser Reise nach dem Öl, und siehe da: Kein Tropfen fehlt. Auf meinen 124er ist Verlass, der wird die Reise packen. Ich stelle fest, dass ich schon viel gelassener geworden bin. Seit unserem Aufbruch in Emmerich habe ich nur ermutigende und beruhigende Erfahrungen gesammelt; die Reise zeigt Wirkung, alle Skepsis ist heute Morgen wie weggeblasen.

Wir genehmigen uns ein kurzes Stück Autobahn und wechseln dann auf die Landstraße, die beinahe schnurgerade an der Atlantikküste nach Süden führt. Es erwarten uns blauer Himmel und hübsche Dörfchen von ganz anderem Charakter als an der Loire, nach Sommer und Ferien sehen sie hier aus. Bilde ich es mir ein oder fallen wir wirklich auf? Ich finde uns jedenfalls sensationell, wie wir in unserem alten Mercedes mit heruntergelassenen Fenstern und offenem Schiebedach gemütlich zwischen Strand und lichten Pinienwäldern dahinfahren, ein Mann im Greisenalter auf dem Beifahrersitz, ein junger Mann mit Sonnenbrille am Steuer, und beide bester Stimmung. Herrlich! In dieser Rolle fühle ich mich wohl. Ein Hauch von Weltreise umgibt uns. Wir sind lässige und sorglose, da erfahrene Entdeckungsreisende.

Dann ein Straßenschild mit der Aufschrift »Biarritz«. Habe ich nicht geplant, sollten wir aber mitnehmen. Schon weit vor der Stadt lebhaftester Ausflugsverkehr! Klar, es ist Sonntag, das Wetter bombastisch, und die Leute wollen zum Strand. Biarritz entpuppt sich als mondäner Badeort, ein Dorado der Schönen und Reichen – und Carlos erinnert sich!

»Kommt mir bekannt vor«, sagt er. »Kenn ich vom Krieg her.«

Wohl eher aus der Nachkriegszeit. Hier in der Nähe muss sein drittes Lager gewesen sein, wo sie ihn zum Minensuchen verdonnert haben. Ob er damals ab und zu Freigang hatte? Oder hat er sich den einfach genommen? Nicht auszuschließen, dass er es damals verstanden hat, Minensuchen mit Badeurlaub zu verbinden.

Mit viel Glück ergattern wir einen freien Behindertenparkplatz auf der Strandpromenade, und dann bietet sich uns ein großartiges Bild: das Gewimmel am Strand, das ungewöhnlich zahme, tiefblaue Meer und eine zartblaue Bergkette weit im Süden – Carlos' wahre Heimat zeichnet sich schon am Horizont ab. Wir mischen uns unter die Leute, wir genießen die Unbeschwertheit dieses Sommertags, und plötzlich fahre ich herum. Ich höre eine Sirene. Eine mir bekannte Sirene. Meine Alarmanlage. Und was sehe ich? Zwei Männer haben sich offenbar an unserem Auto zu schaffen gemacht und entfernen sich jetzt fluchtartig. Was auch immer die beiden vorhatten – danke, lieber Otto! Auf deine Alarmanlage ist Verlass! Aber jetzt sollten wir weiter, auf dem schnellsten Weg nach Spanien. Carlos wird schon unruhig, die Vorfreude wächst. Frankreich? Alles gut und schön, aber das Beste kommt noch.

Welchen Grenzübergang nehmen wir? Ich habe keine Lust, wegen Corona in langwierige Kontrollen zu geraten. Also runter von der Autobahn und über Land in Richtung Grenzfluss. Als wir auf die Brücke über den Bidasoa zufahren, sehen wir ein enormes Polizeiaufgebot vor uns, fünf spanische Polizeiautos, zehn Uniformierte – nein, bitte nicht! Aber sie scheinen nicht zu kontrollieren. Sie interessieren sich überhaupt nicht für uns, sie unterhalten sich, und mir bleibt erspart, wovor ich mich am meisten gefürchtet habe: ein endloses Blabla, bei dem ein unberechenbarer Carlos die Gesprächsführung auf Spanisch übernimmt und dubiose oder irreführende Angaben über Sinn und Zweck unserer Reise macht. Oder vom Krieg anfängt.

Und jetzt, endlich in Spanien, will er partout umgehend und sofort nach San Sebastián. Die Stadt scheint ihn magisch anzuziehen. Aber das ist so nicht ausgemacht, San Sebastián steht erst zwei Tage später auf dem Programm. Nur – bring das mal einem Carlos Schulz bei. Der gibt nicht nach … Wieder diese leidige Autoritätsfrage. Wir hatten das Thema jetzt schon einige Male, meist an Abzweigungen. Das Navi sagt mir: links halten!, doch Carlos mit seiner nicht mehr ganz zeitgemäßen Straßenkarte im Kopf besteht darauf, dass wir rechts abbiegen. Für einen handfesten Streit hat es bisher nie gereicht, aber es kostet mich Nerven, in solchen Situationen ruhig zu bleiben und meinen Standpunkt sachlich zu vertreten. Letztlich kommt mir zugute, dass der Mann am Steuer immer am längeren Hebel sitzt, so auch diesmal. Aber es ärgert mich doch, dass wir bei Meinungsverschiedenheiten dieser Art grundsätzlich aneinandergeraten.

Gut, ich setze mich durch, und nun fahren wir auf einer gewundenen Autobahn durchs baskische Bergland. Mich fasziniert der Kontrast: Eben noch unter Tausenden von Badegästen am Meer, jetzt in einer stillen, einsamen Berglandschaft; eben noch blauer Himmel und sommerliche Hitze, jetzt bewölkter Himmel und ein kühles Lüftchen; gerade noch war T-Shirt angesagt, jetzt könnte ich eine Jacke gebrauchen.

Was ich von Angelika über unser nächstes Hotel weiß, ist immerhin vielversprechend: etwas außerhalb der Industriestadt Eibar, also vermutlich in schöner Landschaft und ruhiger Lage. Was sich bewahrheitet, allerdings erst nach einer endlosen, mühseligen Kurverei, ständig bergan, mal im ersten, mal im zweiten Gang. Ich fürchte um meinen alten Mercedes, und Carlos witzelt: »Meinst du, dein Wagen schafft das nicht? Hier wäre sogar mein alter Opel Olympia mit vierunddreißig PS hochgekommen.« So, so … Auf jeden Fall werden wir belohnt mit einem wunderschönen Hotel in parkähnlicher Umgebung, einem herrlichen Ausblick auf die baskische Bergwelt, einem Hund, der umgehend mit Carlos Freundschaft schließt, und einem Besitzer, der mit Freunden vor seinem Hotel auf der Terrasse sitzt, als würde er uns erwarten.

Wenig später erlebe ich einen neuen, mir jedenfalls noch unbekannten Carlos. Er hat es sich auf der Terrasse gemütlich gemacht und plaudert mit dem Hotelbesitzer, erzählt ausgiebig von unserer Reise, unseren Plänen und seiner Vergangenheit – auf Spanisch. Es ist ein etwas knarziges, etwas eingerostetes Spanisch, aber die Wörter fliegen ihm zu, er muss nicht danach suchen, kommt nicht ins Stocken; man merkt, dass er in dieser Sprache vor langer Zeit mal zu Hause war und sich immer noch wohl darin fühlt. Ich wusste ja, dass er's kann, aber ihn so zu erleben, wie nach langem Exil endlich heimgekehrt, ganz in seinem Element – das geht mir nahe.

»Wann warst du hier?«, will die Frau des Besitzers von ihm wissen. »Vor siebzig Jahren? Und jetzt bist du dreiundneunzig?«

Donnerwetter, da muss eine Platte mit Käse und Schinken her, die wird auch sogleich gebracht, und nun kommt Carlos erst recht in Fahrt – es ist, als wären sich die beiden Männer nicht heute zum ersten Mal begegnet, als würden sie sich vielmehr aus alten Tagen kennen. Daran ist immerhin so viel wahr, als unser Hotelier sich tatsächlich an den Namen jenes Walzwerks im Nachbarstädtchen Elgoibar erinnert, wo Carlos damals Arbeit gefunden hatte. Natürlich bekomme ich längst nicht alles mit, aber hin und wieder übersetzt Carlos für mich, und ein paar spanische Brocken verstehe ich sogar.

Spät am Abend, nach dem letzten Gläschen Weißwein, kommt ein glücklicher Carlos zu dem rätselhaften Fazit, der Tag sei »im Durchschnitt ganz gut« gewesen. Wer ihn nicht kennt, würde den Kopf schütteln: Auf dem Höhepunkt der Reise lässt sich dieser Mensch nichts anmerken, keine Freude, keine Ergriffenheit? Aber so ist er, ich kenne das. Wenn der Wein besonders gut ist, muss ich bei ihm mit einem schlappen »Kann man trinken« rechnen. Überschwang liegt ihm sowieso fern und Glücksmomente nimmt er mit derselben stoischen Gelassenheit hin wie Reinfälle und Pannen. Vielleicht ist es auch so, dass die Gegenwart es nach dreiundneunzig Lebensjahren schwer hat, sich gegen den immensen Berg von Erinnerungen durchzusetzen; sie scheint ihn nicht mehr mit voller Wucht zu treffen, sie hat nicht mehr die Kraft, ihn zu erschüttern. Nennt man das Abgeklärtheit? Jedenfalls äußert Carlos sich immer dann demonstrativ lakonisch, wenn er aus meiner Sicht allen Grund zu Freudensprüngen hätte.

MONTAG, 27. JULI:
EIBAR

Streifen von Sonnenlicht fallen ins Zimmer, als ich die Augen aufschlage. Ich ziehe das Rollo hoch und werde mit einer fantastischen Aussicht belohnt: Wolkenfetzen zwischen den Berggipfeln und darüber ein strahlender spanischer Morgenhimmel.

Beim Frühstück später herrscht eine familiäre Atmosphäre; der Hotelier und seine Frau setzen sich zu uns an den Tisch. Roberto, so heißt der Mann, spricht nach etlichen Jahren in Kalifornien gut Englisch. In Eibar geboren, hat er nach seiner Rückkehr vor fünf Jahren dieses wunderschöne Hotel eröffnet. Ich glaube, die beiden haben einen Narren an Carlos gefressen; Gäste wie uns werden sie jedenfalls noch nicht gehabt haben.

Endlich können wir die Koffer mal im Zimmer lassen, denn heute unternehmen wir eine Carlos-Gedächtnis-Rundfahrt durch diesen Teil des Baskenlands, zu den Orten seiner lebenslangen Sehnsucht. Wir folgen dem Lauf des Deba und fahren durch ein grünes Tal bis zu dem Fischerort gleichen Namens an der Atlantikküste. Hier, am Strand von Deba, hat Carlos gern gebadet. Schon damals verlief eine Bahnstrecke durch dieses Tal, und ich stelle mir vor, wie er an Sommerwochenenden in dem kleinen Bahnhof von Elgoibar den Zug besteigt, nur mit einem Handtuch bewaffnet, um eine Dreiviertelstunde später bereits sein Ziel zu erreichen – die Küste, das Meer, den Strand, wo er vorübergehend vor den Nachstellungen der Damenwelt von Elgoibar sicher ist.

Es fällt mir nicht leicht, mir Carlos mit zwanzig, zweiundzwanzig Jahren vorzustellen. Dieser alte Mann, der in leicht gekrümmter Haltung mit seinem Rollator auf der Küstenstraße neben mir läuft – wie hat er damals ausgesehen, wie hat er auf andere gewirkt? Ich würde viel darum geben, einmal ins Jahr 1949 zurückversetzt zu werden – und sei es nur für eine Stunde –, um Carlos dabei zu beobachten, wie er mit seinen spanischen Freunden dort unten in der Sonne liegt, wie sie alle zusammen vom Sand aufspringen und sich ins Meer stürzen. Immerhin, es gibt Fotos von ihm aus dieser Zeit. Eines zeigt einen gut aussehenden jungen Mann mit vollem, dunklem Haar, der für den Fotografen auf den Trittstufen eines Eisenbahnwaggons posiert, den rechten Arm in die Hüfte gestützt, die linke Hand an einer Stange, die als Haltegriff beim Einsteigen dient.

Eins fällt sofort auf: Dieser Kerl versteht es, sich in Szene zu setzen. Er strahlt eine fast unverschämte Selbstsicherheit aus. Und dann dieses Lächeln, das kein gewöhnliches Foto-Lächeln ist, eher Ausdruck von Selbstzufriedenheit und Vorfreude – am Ende dieser Zugfahrt erwartet ihn immerhin die Fiesta von Pamplona, wie die Notiz auf der Rückseite verrät, also das größte Volksfest Nordspaniens mit Stierlauf und

Stierkämpfen und Musikkapellen und Strömen von Wein. Und schließlich: Dieser Mensch weiß sich zu kleiden. Das aufgebauschte weiße Hemd mit den hochgekrempelten Ärmeln, die weite, ebenfalls weiße Hose, der eng geschnallte Gürtel – all das betont seinen schlanken, kräftigen Körper, es unterstreicht auch die Lässigkeit seiner Haltung. Alles in allem muss Carlos im Alter von zweiundzwanzig Jahren ein siegesgewisser und dabei völlig entspannter Don Carlos gewesen sein. Und wer ist der Mann neben mir? Immer noch derselbe? Äußerlich natürlich nicht. Aber so wie ich ihn kennengelernt habe, sieht es in seinem Inneren wohl nach wie vor ganz ähnlich aus wie damals, als er den Zug nach Pamplona bestieg.

Und jetzt ein zweites Foto. Ein junger Franzose hat es gerade auf der Strandpromenade von Deba von uns gemacht – Carlos einundsiebzig Jahre später. Ich finde es schön. Die Siegesgewissheit ist aus seinem Gesicht gewichen. Von dem vollen, dunklen Haar sind nur noch ein paar weiße Büschel übrig. Wie Hemd und Hose fallen, das lässt keinen straffen, kraftvollen Körper mehr erahnen. Aber dieser Carlos sieht glücklich aus, oder sagen wir: so zufrieden, wie ich ihn noch nie gesehen habe. Er grinst sogar – ein Zeichen größten Behagens.

»Wir müssen was essen.« Natürlich, es ist Mittagszeit, ihm knurrt der Magen. Wunderbar, dass wir heute nicht unter Zeitdruck stehen. Auf einer Klippe hoch über dem Trubel am Strand entdecken wir eine Bar mit Terrasse und lassen uns dort nieder. Strahlend blauer Himmel, tiefblaues Meer, leise spanische Musik im Hintergrund und zwei knackige Schinken-Käse-Baguettes vor uns auf dem Tisch – ja, was will man mehr?

Auf dem Rückweg zum Wagen klingelt mein Handy. Emmericher Vorwahl.

»Hier ist die *NRZ*. Haben Sie kurz Zeit?«

»Nun ja, ich bin gerade im Baskenland. Ich stehe am Meer, die Sonne scheint …«

»Bei uns ist das Wetter gerade nicht so schön.«

»Dann bin ich froh, dass ich hier bin …«

Was will denn die *Neue Rhein Zeitung* von mir? Ein kurzes Interview und ein paar Fotos! Okay, wird alles prompt erledigt. Das fängt ja gut an, denke ich und schreibe abends an meine Eltern: »Wir sind morgen in der Zeitung.«

Antwort: »Das kann doch gar nicht sein …«

Na ja, ich find's lustig, und gleichzeitig kommt mir beides, Emmerich wie die *NRZ*, unendlich weit entfernt vor. Gebauchpinselt fühle ich mich trotzdem.

Zwei Stunden später am Strand von Ondarroa. Ich stelle unseren Campingstuhl auf, Carlos entkleidet sich, nimmt Platz und hält ein Nickerchen. Ich genieße es, im Sand statt am Lenkrad zu sitzen. Wie überall an dieser Küste ist die Kulisse auch hier großartig: Rechter Hand läuft die Bucht in eine schmale Landzunge mit gezackten Felsen aus, in unserem Rücken steigen bewaldete Berghänge auf und vor uns schlagen die Biskayawellen an den Strand – das nenne ich Ferien. Leider bekommt Carlos trotz Nickerchen alles mit. Er sitzt da mit seinem Stock, tief in den Campingstuhl gesunken, und ruft jeder halbwegs jungen Frau, die in sein Blickfeld gerät, ein »*Buenos dias, señorita!*« zu. Mir ist das unangenehm, und ausnahmsweise bin ich sauer auf ihn. Die jungen Frauen nehmen es mit Humor, sehen aber doch zu, dass sie rasch weiterkommen.

So, und jetzt ist Schluss mit Strandleben. Wir wollen noch nach Elgoibar, das sechs Kilometer von Eibar entfernt liegt, ebenfalls im Tal der Deba – und das so sagenhaft, so legendär ist wie Lorobotero, Unsinn, was sage ich: noch viel legendärer.

Allerdings, eine Perle des Baskenlands wird die Stadt kaum sein. Unser Hotelier hat uns schon vorgewarnt: Es gebe dort immer noch viel Industrie, zahlreiche Fabriken, Elgoibar sei für die Herstellung von Werkzeugmaschinen bekannt, und tatsächlich: In den letzten dreißig, vierzig Jahren sind obendrein zahlreiche neue Wohnblocks dazugekommen, von denen keiner zum Charme dieses Ortes beiträgt. Carlos fremdelt. Er hat sich das Wiedersehen mit Elgoibar anders vorgestellt. »Das ist ja größer als Emmerich!«, stöhnt er. Für seine Verhältnisse ist er schon fast erzürnt.

Wir parken, gehen die Treppe zur Kirche hinunter, kommen auf eine kleine Plaza, und hier, im Ortskern, zeigt Elgoibar nun doch sein freundliches, charaktervolles Gesicht. Die Kirche ist von barocker Wucht, und jetzt erinnert sich Carlos auf einmal – ja, dieses Bild hat er noch im Kopf, und auch die engen Gassen mit den verglasten Balkonen sagen ihm was. Aber es nützt nichts: Einem Ort, den man so gut kennt, an dem so viele Erinnerungen hängen, wird man Veränderungen noch weniger als anderen verzeihen – von Verschandelungen ganz zu schweigen –, und Carlos ist dann auch schwer enttäuscht; das will bei einem Gemütsmenschen wie ihm was heißen. »Ist nicht mehr das, was es mal war«, sagt er – mit anderen Worten: nicht mehr der Ort, in dem die Bergbauern morgens um fünf ihre Milch austragen, nicht mehr der Ort, wo schon die Zehnjährigen darum betteln, von ihm geheiratet zu werden. Damit hat sich Elgoibar für ihn erledigt. Zu Abend gegessen wird hier auf keinen Fall.

Durch Zufall entdecke ich im Internet einen Paulaner-Biergarten in Eibar – den müssen wir ausprobieren! Tun wir auch. Ob es ein Fehler war, ist hinterher schwer zu entscheiden, denn einerseits war das Essen miserabel, andererseits das Bier lecker, und für Carlos ist sogar eine Kellnerin herausgesprungen, die vom Besuch dieser beiden ungleichen Deutschen entzückt war und sich von ihm in den Arm nehmen ließ. Prompt ist Carlos wieder der Alte und auf der Fahrt zum Hotel sprudeln Erinnerungen an die schönen Zeiten in Elgoibar nur so aus ihm heraus.

Später geht's bei Wein auf der Hotelterrasse weiter. Roberto, der Hotelier, und Carlos sind mittlerweile ein Herz und eine Seele; Roberto bewirbt sich sogar darum, Carlos' hundertsten Geburtstag ausrichten zu dürfen. Da sieht man's wieder: Auch den Don Carlos von 2020 kann nichts umhauen, nicht mal das Elgoibar des Jahres 2020.

DIENSTAG, 28. JULI:
EIBAR – SAN SEBASTIÁN

Wir verlassen es ungern, dieses Hotel mit seinen umwerfend netten Besitzern und seinem schrecklich sympathischen Hund. Aber heute steht San Sebastián auf dem Plan, eine Stadt, die Carlos damals unwiderstehlich gefunden haben muss, die er von Elgoibar aus jedenfalls immer wieder besucht zu haben scheint.

Gerade als wir losfahren wollen, ruft mein Vater an: »Was machst du eigentlich? Hier rufen wildfremde Leute an. Selbst dein ehemaliger Grundschullehrer hat sich gemeldet …« Aha, der *NRZ*-Artikel ist erschienen, ich habe ihn auch schon auf meinem Handy. Der muss natürlich sofort gelesen werden, und zwar laut, damit auch Carlos was davon hat, und die Wirkung ist verblüffend: Er ist tief gerührt. Er sitzt abreisefertig auf dem Beifahrersitz und weint. Er ist, mit einem Wort, überwältigt. Auf einmal steht der alte Mann, um den es nach

Elisabeths Tod sehr still geworden war, im Mittelpunkt. Halb Emmerich weiß jetzt, dass wir uns auf einer Spazierfahrt durch Europa befinden. Es war ja seine Idee gewesen, und nun schlägt die Sache derart hohe Wellen! Das ist, nach dem gestrigen Tag, einfach zu viel des Guten für ihn.

Aber jetzt auf nach San Sebastián! An der Küste entlang geht es zunächst bis Zarautz, einem Örtchen direkt am Meer. Wir laufen über die Promenade, ein paar Leute sind im Wasser, dabei ist es frisch, es nieselt sogar, Basken scheinen hart im Nehmen zu sein, und Carlos spricht im Gehen wieder einmal von der Freundlichkeit, mit der man ihm und den anderen Deutschen damals hier begegnet ist. Diese Freundlichkeit erleben wir auch jetzt ständig. Die Restaurantterrasse zum Beispiel, auf der wir unseren *café con leche* nehmen wollen, ist bis auf den letzten Platz besetzt, doch der Wirt zaubert unverzüglich einen Tisch und zwei Stühle für uns herbei. »Kein Problem, das haben wir gleich …«, so scheint hier ganz allgemein die Devise zu lauten, und ich verstehe immer besser, dass Carlos mit seiner Unkompliziertheit unter diesen Leuten regelrecht aufgeblüht ist.

Anschließend steuern wir den Monte Igueldo an. Ich denke dabei gar nicht in erster Linie an Carlos, der Name klingt in meinen Ohren einfach verlockend, aber dann stellt sich heraus: Das Foto in seiner Küche, das den berühmten Blick auf die sichelförmige Bucht von San Sebastián zeigt, ist vom Monte Igueldo aus aufgenommen! Jedenfalls bietet sich uns ein traumhaftes Bild und Carlos kommt auch gleich ins Schwärmen. Unter anderem erinnert er sich lebhaft an die Ballsäle von San Sebastián in den Vierzigerjahren.

»Da war ich öfters tanzen.«

»Was? Du hast getanzt?«

»Damals konnte ich gut tanzen. Einmal hatte ich eine, der

ist beim Tanzen der Büstenhalter geplatzt, und damals war ein nackter Busen noch eine Seltenheit!« Und jetzt gibt es kein Halten mehr. »San Sebastián – was einem da alles geboten wurde! Nicht nur Ballsäle, nicht nur Kinos. Das Angebot ging weit über das in Spanien damals Übliche hinaus. Es war eine vornehme Stadt, eine weltoffene Stadt. Ich bin überall reingegangen, in die Bars, in die prächtigen Cafés, und war überall gern gesehen.«

Was für Zeiten. Wenn man sich überlegt: Carlos am Strand von Deba, Carlos auf der Fiesta von Pamplona, Carlos in den Tanzsälen von San Sebastián, Carlos mit seinem Betriebsleiter – auch das kam des Öfteren vor – auf Dienstreise durch Spanien, ja, wann hat er denn überhaupt noch an seiner Werkbank im Walzwerk gestanden? Ein ziemlich lustiges Leben, stelle ich mir vor, und eins, zu dem er offensichtlich Talent besaß – auch die französischen Kriegsgefangenenlager waren für ihn ja offenbar nicht der reinste Schrecken gewesen. Ziemlich viele Herzen müssen ihm damals zugeflogen sein, französische, spanische, deutsche; für seinen Charme scheint es keine Grenzen gegeben zu haben. Sein Glück scheint ihm aber auch nie zu Kopf gestiegen zu sein, denn nach allem, was man hört, verstand er sich stets darauf, die Dinge geschickt zum eigenen Besten zu wenden.

Und jetzt bin auch ich in San Sebastián. Die zwei Tage, die dafür vorgesehen sind, werden für diese tolle Stadt kaum reichen. Auch mit dem Hotel haben wir wieder Glück; es hat vom »Fin de Siècle«-Zauber San Sebastiáns eine ordentliche Portion abgekriegt. Wieder trage ich Carlos' berühmten Anzug wie die Standarte eines siegreichen Feldherrn vor mir her aufs Zimmer. Der Wagen allerdings soll von der Straße weg, der muss in die nächste Tiefgarage, und die entpuppt sich als heruntergekommenes, schummriges Rattenloch. Mir wird mulmig, nicht zuletzt wegen der Männer, die meinen Mercedes jetzt für mich einparken wollen. Vorsichtshalber räume ich den Kofferraum restlos leer und notiere sogar den Kilometerstand – wer weiß, was sie mit meinem Auto vorhaben. Beruhigend immerhin, dass hier auch deutlich wertvollere Fahrzeuge stehen; sollte diesen Typen irgendwann nach einer Spritztour zumute sein, wird der Porsche dort drüben vermutlich noch vor meinem Mercedes dran sein.

Auf dem Weg zur Playa de la Concha, dem berühmten Stadtstrand, setzt Carlos seine Geschichten aus dem San Sebastián der Vierzigerjahre fort, und ich habe gleich die passenden Bilder vor Augen: Don Carlos mit seiner Freundin am Strand, die beiden abends in der Altstadt, der viele Wein, der ihm durch die Kehle läuft, und überhaupt, seine Lebenslust, seine Unbeschwertheit … Schon damals muss er immer erstaunlich liquide gewesen sein; die fünfundsechzig Kilometer Entfernung von Elgoibar nach San Sebastián scheinen für ihn finanziell jedenfalls kein Hindernis dargestellt zu haben. Natürlich ging es hier früher deutlich ruhiger zu. Diese Menschenmengen sind ihm neu.

Es war ein langer, schöner Tag. Ab zwanzig Uhr klingt er in einem Restaurant gleich gegenüber dem Hotel bei Wein und Thunfischsteak aus. Wieder im Hotelzimmer, erwartet mich das Projekt Fußpflege. »Einmal die Woche«, hat der Arzt gesagt. Und damit zu beunruhigenden Nachrichten: Die Zahl der Corona-Infizierten steigt in Spanien dramatisch an. Auch mein Vater zeigt sich besorgt; die deutschen Medien leisten offenbar ganze Arbeit. In San Sebastián ist von Panik zwar nichts zu spüren, aber mein Vater bleibt dabei: »Seht zu, dass ihr da rauskommt!«

Morgen werden wir eine Entscheidung fällen müssen.

MITTWOCH, 29. JULI:
SAN SEBASTIÁN

Ich wache früh auf und trete auf den kleinen Hotelbalkon hinaus. Zwischen den Häuserreihen hindurch kann ich den Strand und die Bucht sehen. Mir kommt es noch ziemlich kühl vor, ich fröstele regelrecht, aber da hinten schwimmen schon welche. Auch auf der Straße unten ist bereits Betrieb, Mütter mit Kinderwagen, Jugendliche mit Skateboards, Männer mit Aktentasche und Handy am Ohr, und alle haben sie etwas gemeinsam: Sie tragen Maske. Ist die Lage mit einem Mal so ernst?

Carlos schläft noch tief und fest; ich muss handgreiflich werden, ihn regelrecht wach rütteln, und wie beinahe jeden Morgen heißt es prompt: »Spar dir die Frage, ob ich gut geschlafen hab. Ich schlaf immer gut.«

Wie schon die Tage zuvor tausche ich seine getragene Unterwäsche heimlich gegen frische aus, denn er selbst ist natürlich der Meinung, einmal Wäschewechseln in drei Wochen reicht. Die neue Hose kommt erst nach dem Frühstück dran, inzwischen habe ich nämlich gelernt: Das Marmeladenbrot kann runterfallen, das Frühstücksei zerplatzen, die Kaffeetasse tropfen, und dann wäre die neue Hose schon wieder bekleckert. Kurz darauf, wie ebenfalls jeden Morgen, die Frage aus dem Badezimmer: »Wo ist mein Kamm?« Kämmen ist für Carlos von existenzieller Bedeutung (genauso wie Rasieren), auch wenn es auf seinem Schädel eigentlich gar nichts mehr zu kämmen gibt.

Nach dem Frühstück wollen wir zum Strand. Da ist inzwischen die Hölle los. Im gesamten Stadtgebiet herrscht Maskenpflicht, nur am Wasser nicht, also hält sich halb San Sebastián dort auf. Sollen wir mit dem Strand nicht doch warten, bis es etwas wärmer geworden ist? Wie wär's damit, erst mal der Altstadt einen Besuch abzustatten, um herauszufinden, was es mit den berühmten Pintxos (wie die Tapas hier heißen) auf sich hat? Na klar, ab in die Altstadt. Nur – das dauert. Alle paar Meter muss Carlos pausieren. Schließlich aber finden wir eine Bar nach seinem Geschmack, wo Alt und Jung zusammensitzt, Wein trinkt und sich die Pintxos schmecken lässt – und selbst für Carlos unverständliche Laute darauf schließen lassen, dass hier Baskisch geredet wird. Die Pintxos übrigens sind tatsächlich ein Gedicht, und wir langen beherzt zu. Ist das ein Leben …

Wieder im Hotel, wird Carlos auf Strand getrimmt: kurzärmliges Hemd, Bermudashorts, Sandalen, Rollator, und auf geht's, rein ins Getümmel. An einem etwas ruhigeren Plätzchen stelle ich den Campingstuhl auf, während Carlos verschmitzt lächelnd Sand mit den Füßen hin und her schaufelt, bevor er sich hineinfallen lässt, Hemd und Unterhemd auszieht und seine Bermudashorts hochkrempelt. Für Außenstehende mag er einen bizarren Anblick bieten, zumal er sich jetzt auch noch das Unterhemd zum Schutz vor der Sonne auf den Kopf legt, aber ich finde: Für seine dreiundneunzig Jahre macht er eine gute Figur. Und ich beschließe, schwimmen zu gehen. Was soll ich sagen? Wellenrauschen, Möwengeschrei, dazu der Badetrubel – viel glücklicher kann man nicht sein.

Am Abend einigen wir uns darauf, dass kein Grund vorliegt, das Restaurant zu wechseln. Also wieder Wein, auch wieder Thunfisch, und nicht anders als gestern kennt unsere Zufriedenheit keine Grenzen. Als es ans Zahlen geht, lädt Carlos unsere Kellnerin ein, uns zu begleiten und morgen einfach mitzufahren – zu dritt wär's bestimmt noch lustiger. Na ja. Ehrlich gesagt, ich habe gerade andere Sorgen: Wegen

Corona müssen wir jetzt tatsächlich aus Spanien raus und umdisponieren, Barcelona ist damit gestrichen. Welche Ausweichroute kommt infrage? Am Nordrand der Pyrenäen entlang durch Frankreich bis Toulouse und von dort weiter nach Marseille? Versuchen wir's. Ich informiere Angelika in Emmerich: »Barcelona bitte canceln, stattdessen Toulouse buchen.«

Übrigens hat uns heute Nachmittag die erste Anfrage eines Fernsehsenders erreicht. Am Telefon kriegt meine Mutter sich vor Lachen nicht mehr ein, und mein Vater berichtet: »In Emmerich reden alle nur noch über euch. Typisch – immer, wenn hier mal was los ist, bist du nicht da.« Carlos misst dieser Anfrage keine große Bedeutung bei, an ihm tropft so was ab, und auch ich nehme die Sache nicht weiter ernst – kein Grund zur Aufregung. Stimmt, ein Standardsatz von Carlos, aber mittlerweile rede ich genauso.

DONNERSTAG, 30. JULI:
SAN SEBASTIÁN – TOULOUSE

Es ist unfassbar, wie gut Carlos durchhält. Vor einer Woche sind wir gestartet, haben in dieser kurzen Zeit schon einiges erlebt, haben altbekannte und ganz neue Erinnerungen geteilt, haben die Gegenwart auf uns wirken lassen und dabei Enttäuschungen verkraften müssen wie auch großartige Höhepunkte genossen – alles ziemlich strapaziös, aber von Carlos kein Gejammer, kein Protest, keine Anwandlung von Schwäche. Dieser Mensch ist unglaublich.

Aber natürlich – bislang ist die Reise für ihn auf das Land seiner Träume hinausgelaufen, da mobilisiert man vielleicht die letzten Energiereserven, und auch ich muss sagen: Wie leicht man mit Spaniern in Kontakt kommt, das ist schon einzigartig. Sie scheinen mir die perfekten Gastgeber zu sein. Allein, wie Roberto auf einmal Schinken und Käse auffahren ließ, ohne uns das alles später in Rechnung zu stellen! Carlos wäre zu gern noch geblieben, Pamplona hätte ihn gereizt, Barcelona hätte er gern kennengelernt, aber es hilft nichts, Corona funkt uns dazwischen, und für diesmal heißt es: *Adios, España!*

Jetzt rauschen wir in zügigem Tempo durch Südfrankreich, die Pyrenäen immer zur Rechten, Richtung Toulouse. Etwas über dreihundert Kilometer liegen vor uns, deshalb wird heute mal wieder Autobahn gefahren, und überhaupt – an einem dermaßen heißen Tag will ich den Fahrtwind spüren, also Fenster runter, Schiebedach auf, das T-Shirt ausgezogen und ein Handtuch in den Rücken gelegt. Selbst Carlos, hitzegewohnt und so stoisch wie üblich, krempelt die Hose hoch und knöpft das Hemd auf.

Unterwegs geht mir so einiges durch den Kopf. Werde ich mit dreiundneunzig noch so fit sein wie er? Diese Frage lässt sich natürlich nicht beantworten, aber in einem Punkt bin ich mir sicher: Die Kämpfe und Schlachten, die Carlos als junger Mann in meinem Alter mitgemacht hat, und die Jahre der Kriegsgefangenschaft, die darauf folgten, hätte ich bestimmt nicht so leicht weggesteckt wie er. Welche Unerschrockenheit, welche Beherztheit er unter diesen Umständen immer wieder bewiesen zu haben scheint – davor kann ich nur den Hut ziehen.

Wenn er jetzt als Zwanzigjähriger neben mir sitzen würde – was wäre er für ein Typ? Er dürfte schon immer ein humorvoller und unternehmungslustiger Mann gewesen sein, denke ich mir, ein Kumpel, wie ihn sich jeder wünscht. Jemand, mit dem man gerne zusammenarbeitet und feiert und natürlich auch verreist. Und dann: Vorlaute, freche Bemerkungen werden ihm damals noch leichter über die Lippen gekommen sein als heute; aber andere herumzukommandieren, gar in die Pfanne zu hauen, dürfte ihm ferngelegen haben. Leben und leben lassen, so wird seine Devise auch damals schon gelautet haben; für Rücksichtslosigkeiten war er wohl immer zeitlebens zu gutmütig.

Von Elisabeth weiß ich, dass er früher durchaus ein Schlitzohr sein konnte. Er habe es immer verstanden, seinen Willen durchzusetzen, meinte sie einmal zu mir, habe die Leute auch gern auf den Arm genommen, aber Böswilligkeit sei ihm vollkommen fremd gewesen. Im Übrigen habe Carlos für jeden einen guten Rat gehabt und für arme Schlucker jederzeit sein letztes Hemd gegeben. Das ist ja heute noch so. Allerdings scheint er nachtragend zu sein. Menschen, die bei ihm einmal unten durch sind, steigen in seiner Gunst nie mehr auf – eine Eigenschaft, die bei gutmütigen Menschen wohl häufiger anzutreffen ist. In dieser Hinsicht, und nicht nur in dieser, kann er ein ziemlicher Sturkopf sein.

Ankunft in Toulouse ohne Zwischenfälle. Als ich das Auto abstelle, zeigt der Kilometerzähler an, dass wir bereits zweitausendzweihundert Kilometer zurückgelegt haben. Innerhalb einer Woche! »Und wo essen wir heute zu Abend?« Ja, genau. Eigentlich ist es noch zu früh, aber wir haben beide Hunger, also laufen wir los und finden sofort Gefallen an Toulouse: die Garonne, die Pont Neuf, die Boulevards, die engen Gassen dazwischen und die Straßencafés, dazu das Licht des Südens – wieder mal eine schöne, eine prächtige Stadt.

An diesem Abend aber ist Carlos nicht gut drauf. Er stöhnt, er schlurft hinter mir her, er legt ständig Pausen ein, und schließlich muss ich ihn auf seinem Rollator vor mir herschieben. Na ja, bei fünfunddreißig Grad Celsius eigentlich kein Wunder. Vielleicht lassen seine Kräfte jetzt aber auch deshalb nach, weil die Reise in seine Vergangenheit bereits zu Ende ist; sein geliebtes Spanien liegt hinter ihm, und was jetzt noch kommt, ist auf meinem Mist gewachsen. Jedenfalls ist er nicht nur erschöpft, er wirkt regelrecht entmutigt.

»Wenn's so weitergeht, kannst du mich mit den Füßen voran nach Emmerich zurückfahren«, grummelt er.

Ich entgegne: »Macht nichts, für den Fall habe ich eine Versicherung abgeschlossen.«

Darauf er wieder, lachend: »So einfach mach ich's dir dann doch nicht.«

Es ist ja nicht das erste Mal, dass wir über seinen Tod sprechen. Carlos fürchtet ihn nicht; das weiß ich, das glaube ich ihm. Bei aller Unternehmungslust betrachtet er das irdische Geschehen schon aus einem erheblichen Abstand. Wie hat er einige Zeit vor unserer Abfahrt gesagt? »Wenn wir losfahren, kann es passieren, dass ich mich mit Corona anstecke und innerhalb einer Woche tot bin. Oder wir fahren nicht los, und eine Woche später kippe ich in der Küche tot um.«

Wir sind uns beide darüber im Klaren, dass es noch einen Monat, ein Jahr oder auch zehn Jahre gut gehen kann, dass es aber genauso gut morgen schon vorbei sein könnte. Man weiß es eben nicht, nur eins ist sicher: Sachen aufschieben bringt nichts. Deswegen stehen wir jetzt hier in Toulouse, Carlos keuchend, ich ungeduldig bis verärgert, wobei ein Ende dieses Durchhängers bereits absehbar ist. Wieder einmal zeigt sich: Knurrt der Magen, knurrt der ganze Mann, doch kaum haben wir auf dem großen, belebten Platz ein Terrassenrestaurant gefunden, kaum beginnt der Magen sich zu füllen, hellt sich die Stimmung auf, und aus einem ungemütlichen Stoiker wird wieder ein gemütlicher.

Während des Essens meint Carlos, am Nachbartisch Düsseldorfer Laute zu vernehmen. Das passiert nicht zum ersten Mal auf dieser Reise. Tatsache ist, dass an diesem Tisch, wie an allen anderen, Französisch gesprochen wird, aber das ficht ihn nicht an, und im nächsten Moment versucht er, mit den vermeintlichen Düsseldorfern ein Gespräch auf Spanisch anzuknüpfen … Also, alles wieder in Ordnung; trotzdem gehen wir an diesem Abend früh zu Bett.

Vor dem Einschlafen lese ich eine Mail aus Emmerich. Mein Vorgesetzter schreibt: »Herr Kroker, einzigartig, was Sie da treiben. Das müssen wir im Haus bekannt machen. Sie sind das Stadtgespräch in Emmerich.« Wie schön. Trotzdem bin ich froh, dass gerade mehr als tausend Kilometer zwischen mir und meiner Heimatstadt liegen.

FREITAG, 31. JULI:
TOULOUSE – LA GRANDE-MOTTE

Bedeutende Ereignisse verspreche ich mir von diesem Tag nicht. Sie stellen sich auch nicht ein. Über Narbonne soll es heute auf dem schnellsten Weg an die Küste gehen, die Mittelmeerküste diesmal, und hinter Béziers erreichen wir sie auch bald.

Unterwegs fragt Carlos, ob ich den Roman *Der alte Mann und das Meer* schon geschrieben hätte. Aha, er scheint mit dem »weißen Mann« also doch nicht zufrieden gewesen zu sein, jetzt hat er sich bis zum tatsächlichen Titel vorgearbeitet und möglicherweise Spaß daran, sich selbst in der Rolle einer Romanfigur zu sehen.

»Nein«, sage ich. »Glaubst du etwa, so was könnte man mal eben auf die Schnelle schreiben?«

Da wieder mal alles offen ist, was sich an diesem Wagen während der Fahrt öffnen lässt – eine Klimaanlage gibt es ja nicht –, dringt mit einem Mal ein merkwürdiges Geräusch an mein Ohr, ein undefinierbares Schleifen oder Kratzen. Sofort springt meine innere Alarmanlage an: Sollte mit meinem guten alten 124er etwas nicht stimmen? Das fehlt jetzt noch, eine Panne wäre Carlos' Laune bestimmt nicht zuträglich. Ich steuere einen Rastplatz an, lasse den Wagen auslaufen, stelle den Motor ab, doch das Geräusch hält an, und plötzlich fällt der Groschen – Zikaden! Es sind Zikaden, die in den Bäumen sitzen – der Lautstärke nach zu urteilen, offenbar zu Hunderttausenden – und wild drauflosfiedeln. Trotz Fahrtwind und Motorbrummen hört man sie noch bei 130 km/h. Mir fällt ein Stein vom Herzen.

Solange Carlos wach ist, erzählt er, kommentiert, sinniert über das Leben; immer häufiger aber nickt er jetzt unterwegs neben mir ein. Manchmal fahre ich dann kleine Schlangenlinien, um mich zu vergewissern, dass er noch atmet, und jedes Mal blickt er dann kurz auf, um gleich im nächsten Moment wieder wegzudämmern. Aber es reicht ein kurzes »Carlos, gleich sind wir da«, um ihn augenblicklich munter zu machen.

Und jetzt ist das Mittelmeer erreicht. Vor uns liegt ein gut besuchter, ach was, rappelvoller Badestrand – genau das, was wir in diesem Moment brauchen. In der Mittagshitze nehmen wir unser Strandleben wieder auf: Ich gehe schwimmen, Carlos hält seinen Mittagsschlaf im Campingstuhl, und zwei Stunden später fahren wir weiter nach Sète, über einen schmalen Damm zwischen Meer und Lagune.

Ich muss sagen: Der Zwischenstopp in Sète lohnt sich. Es

ist eine bezaubernde Hafenstadt, die uns bei unserem kleinen Rundgang wie ein französisches Venedig vorkommt. Eigentlich sollten wir hierbleiben, schon wegen der berühmten Fischsuppe, die überall angeboten wird und Carlos mit seinem Abschied von Spanien versöhnen könnte. Aber Angelika hat das nächste Hotel in La Grande-Motte gebucht, also geht's an diesem Tag noch weiter.

La Grande-Motte ist eine eindrucksvolle Ansammlung futuristischer Hotelpyramiden samt Badestrand und Jachthafen, aber damit hat es sich auch schon. Uns erwartet ein Hotel in einem schattigen Pinienwäldchen sowie ein Abendessen auf der Promenade, und zumindest kulinarisch ist an diesem Ort nichts auszusetzen. Abends auf unserem Zimmer dann ein klassischer Dialog.

Ich:»Bist du froh, dass wir diese Reise machen?«

Carlos:»Ich bin immer froh, wenn ich rauskomm. Ob für einen Tag, eine Woche oder ein Jahr, mir ist alles recht.«

»Dann schlaf mal gut.«

»Ich schlaf immer gut.«

Und Licht aus.

SAMSTAG, 1. AUGUST: LA GRANDE-MOTTE – MARSEILLE

Wieder ein heißer Tag. Um die Mittagszeit kündigt sich Marseille an, Reede und Hafen sind voller Schiffe. In einem Außenbezirk der Stadt essen wir eine Kleinigkeit und nehmen dann Kurs aufs Zentrum.

Du lieber Himmel! Ich hatte ja keine Ahnung! Ich war noch nie in einer südeuropäischen Metropole, mir war nicht klar, wie wild es dort im Straßenverkehr zugeht. Ich muss aufhören, deutsch zu denken, hier macht man nämlich mit Verkehrsteilnehmern Bekanntschaft, die an einer Ampel auf Rot nicht anders reagieren als auf Gelb oder Grün. Kommt der Verkehr bei Rot tatsächlich mal zum Stehen, schwärmen Bettler aus, machen sich über die Autos her, klopfen an die Seitenfenster und halten die Hand auf, um sich bei Grün schleunigst in Sicherheit zu bringen, denn dann prescht alles wieder vor, unter ständigem Gehupe. Für Fußgänger muss es hier ums nackte Überleben gehen, auch Radfahrer dürften in Marseille kein langes Leben haben.

Allem Anschein nach fühlt sich niemand an irgendeine Regel gebunden und alle fahren, als wäre der Teufel hinter ihnen her. Habe ich nicht ein deutsches Kennzeichen? Könnt ihr euch nicht denken, dass ich mich in diesem Moloch nicht auskenne? Aber nein, einmal im Gewühl, gibt es kein Entkommen. An einen gleichmäßigen Verkehrsfluss ist überhaupt nicht zu denken, an Anhalten sowieso nicht, alles schiebt sich die nächste Steigung hoch, bevor es im Pulk wieder bergab geht, und ich mache hektisch mit, schalte, bremse, gebe Gas; die Temperaturanzeige im Auto klettert derweil auf hundert Grad. Ich kenne so was weder aus Emmerich noch aus Mannheim noch aus Bordeaux und erreiche unser Hotel mit reichlich ramponiertem Nervenkostüm.

Das Hotel ist günstig und durchschnittlich, oder anders gesagt: modern und so heruntergekommen, als ob hier die letzten zehn Jahre jede Nacht Party gewesen wäre. Gut, was soll's, Carlos muss sich ausruhen und schläft eine Runde, und abends fahren wir zum alten Hafen runter. Es ist mächtig was los und an Restaurants herrscht kein Mangel.

Ich muss gestehen: Auf dieser Reise habe ich mich ein paarmal über mich selbst geärgert, und zwar beim Abendessen. Ich suche ja auch für Carlos die Speisen auf der Karte aus und manches Mal habe ich den Eindruck, dass er es dann mit dem Essen besser trifft als ich. Hat der alte Mann einfach nur Glück oder ist es vielleicht tatsächlich das Klügste, grundsätzlich ein Fischgericht zu bestellen? So schlecht, wie Carlos mit Zähnen ausgestattet ist, ist ihm Fisch ja bei Weitem das Liebste. Vielleicht gibt's hier für mich noch was zu lernen.

Unglaublich jedenfalls, was in dieser Stadt los ist, als wir uns nach dem Abendessen wieder unter die Leute mischen. Irgendwo spielt eine Kapelle, deren Musik im allgemeinen Trubel aber mehr oder weniger untergeht, und wie schon in Toulouse schert sich auch hier kein Mensch um Abstandsregeln, niemand weicht vor anderen aus oder zurück. Mittendrin hängt Carlos glücklich in seinem Rollator, vom Licht der untergehenden Sonne beschienen, und als ich teilnahmsvoll bemerke, wie anstrengend unsere Reise doch sei, kommt von ihm bloß zurück: »Anstrengend? Für mich nicht.«

Hat er wieder mal besser gegessen als ich?

SONNTAG, 2. AUGUST: MARSEILLE – MONACO

Kaum erwacht, macht es neben mir rums. Carlos ist aus dem Bett gefallen. Ich springe auf. »Was machst du? Willst du den Boden wischen?«

»Nee«, japst er, »ich wollte mal gucken, ob die das Laminat sauber verlegt haben.«

Wir lachen, ich helfe ihm hoch, alles ist gut. Er blutet etwas am Arm, ich klebe ein Pflaster drauf und bin heilfroh, dass er sich nichts gebrochen hat. Das hätte heiter werden können.

Das Frühstück kommt in einer Papiertüte aufs Zimmer. Wir halten uns nicht lange damit auf und fahren bei traumhaftem Wetter weiter in Richtung Côte d'Azur; keine lange Etappe, deshalb lassen wir's gemütlich angehen. In Cannes ist kein einziger freier Parkplatz zu finden, selbst die Behindertenparkplätze, sonst unsere letzte Rettung, sind alle besetzt, also fahren wir einfach weiter die Küste entlang, über Antibes und Nizza bis Monaco. Das Novotel ist hier die günstigste Unterkunft, nichtsdestoweniger todschick, auch das Zimmer ist geräumig und die Betten sind breit.

Zufällig ist ein guter Freund von mir mit seiner Freundin ebenfalls in der Gegend unterwegs, und wir verabreden uns am Hafen. Aber wie kommt man dahin? In Monaco ist alles unglaublich steil oder beängstigend abschüssig, da wird der Rollator samt Carlos womöglich durchbrennen. Gottlob findet sich eine Treppe zwischen den Häusern, und jetzt sollte man ihn sehen: Nur mit seinem Stock ausgerüstet, schafft Carlos die hundertfünfzig Stufen, zwar langsam, aber unfallfrei. (Für den Rückweg werden wir ein Taxi nehmen. Hundertfünfzig Stufen runter ist das eine, aber hundertfünfzig Stufen hoch …)

Monaco, das war ja mein Wunsch, und ich bereue absolut nicht, hier gelandet zu sein. Der Hafen mit seinen Jachten, die Armada der Luxuslimousinen, vor allem aber diese Kulisse hoch aufragender, übereinandergetürmter Häusermassen – unglaublich, was alles auf so wenige Quadratkilometer passt! Meine Freunde haben ihr Wohnmobil klugerweise draußen vor der Stadt stehen gelassen und sind mit dem Fahrrad hereingekommen; jetzt trinken wir etwas, plaudern ein bisschen, und Carlos ist die ganze Zeit über baff, weil er diese Begegnung für einen absolut unwahrscheinlichen Zufall hält.

Am Ende, nach einer sehr ordentlichen Fischmahlzeit, bin

ich vom Bergauf, Bergab in dieser Hitze fast genauso erschöpft wie Carlos, aber glücklich. Mir gefällt's hier, für mich hat sich ein Traum erfüllt, ich liebe nun mal dieses Ambiente von großer Welt und schierem Luxus, und Carlos muss versprechen, heute Nacht nicht aus dem Bett zu fallen.

MONTAG, 3. AUGUST: MONACO – MAILAND

Die Hälfte unserer Zeit ist schon rum. Was liegt noch vor uns? Italien, Schweiz, Österreich und Deutschland. Bis jetzt habe ich unsere Tour genossen, kein Tag glich dem anderen, und Carlos mit seinen Geschichten, seinen Einfällen, seinem Humor gibt einen fabelhaften Reisegefährten ab. Warum sollte sich das ändern?

Nach dem Frühstück auschecken, alles wieder ins Parkhaus runtertragen und Italien anpeilen, allerdings nicht, ohne vorher die innerstädtische Grand-Prix-Strecke von Monaco abgefahren zu sein. Ein toller Parcours! Mal durch Hochhausschluchten, mal am Jachthafen entlang, mit halsbrecherischen Kurven und ständig rauf und runter – wirklich einzigartig. Was ich in diesem Moment noch nicht ahne: Heute werde ich an meine Grenzen kommen. Zunächst jedoch fahren wir gut gelaunt los.

Das heißt, wir zockeln die Küste entlang und haben nach drei Stunden erst achtzig Kilometer geschafft. Das Wetter ist schön, es lädt zum Trödeln ein, zum Anhalten und Aussteigen und Landschaftgenießen, und mir ist klar: Irgendwann wirst du Gas geben müssen. Nun gut, um über Genua nach Mailand zu gelangen, werden wir die Autobahn nehmen, da können wir die verlorene Zeit wieder gutmachen, und bis dahin lassen wir uns eben Zeit für unseren Abschied vom Mittelmeer. Im Grunde genommen ist der heutige Tag sogar ein vorgezogener Abschied von der ganzen Reise, denn ab Genua führt unser Weg nach Norden, und mit jeder neuen Etappe werden wir Emmerich näher kommen.

Aber der Abschied vom Mittelmeer zieht sich hin. Es geht kaum vorwärts; es gibt einfach zu viele Ampeln und Lkw und enge Dörfer auf dieser Strecke, und obendrein treibt uns der Hunger hinter der Grenze in eine Pizzeria, wo schon die Bestellung wertvolle Zeit kostet, weil die Kellner ausschließlich Italienisch verstehen – womit wir wiederum nicht dienen können. Wie immer, wenn die Dinge meiner Vorstellung von Zügigkeit und Pünktlichkeit entgegenzulaufen drohen, bemerke ich an mir Anzeichen von Nervosität, und dann besteht Carlos auch noch auf seiner Gewohnheit, zum Essen Wein zu trinken. Ich weiß, es ist nicht die feine Art, aber ... Um dieses Pizza-Intermezzo abzukürzen und im Vertrauen auf seine schlechten Augen drehe ich ihm stattdessen eine Cola light an. Und Carlos? Bemerkt er den Betrug? Nach dem ersten Schluck kommentiert er seinen »Wein« mit den Worten: »Von der Sonne verwöhnt.« Kann heißen: süßliche Plörre. Kann aber auch heißen: Du kannst mich mal – ich lasse mir nichts anmerken. Dazu sein Pokerface, aus dem man genauso wenig schlau wird ...

Um halb vier haben wir immer noch zweihundertzwanzig Kilometer vor uns. Als ich mich in den Autobahnverkehr einfädele, ziehen sich Wolken über uns zusammen. Dann fallen die ersten Tropfen, das Nieseln geht in heftigen Dauerregen über, und kurz vor Genua ist Feierabend: Alles steht, nichts rührt sich mehr. Die neue Brücke wird heute eingeweiht, der Ersatz für die eingestürzte alte, vielleicht ist deshalb auf diesem Abschnitt so viel los. Mein einarmiger Scheibenwischer ist jedenfalls das Einzige, was sich jetzt noch bewegt, und zum Takt des Wischers erzählt Carlos seine Geschichten. Ist mir die Pizza auf den Magen geschlagen? Die Cola light? Oder schlägt mir die ganze heutige Fahrt auf den Magen? Draußen nur wässriges Grau, und ich fühle Übelkeit in mir aufsteigen. Zum ersten Mal beschleichen mich düstere Gedanken.

Was, wenn ich jetzt mit Magenkrämpfen ausfallen würde? Wenn ich einen Schwächeanfall hätte und nicht weiterfahren könnte? Stau, Platzregen, Übelkeit, und Mailand immer noch in weiter Ferne – vielleicht ist das einfach zu viel Stress und Ungewissheit auf einmal? Auf jeden Fall wird mir schwindelig. Ich habe ein rundum flaues Gefühl. Selbst Carlos hat aufgehört zu erzählen. Ich löse den Sicherheitsgurt, um freier atmen zu können. Während der nächsten Stunde geht es nur im Schneckentempo vorwärts, dann schiebt sich die Kolonne auch noch auf einer Brücke über einen Abgrund, und ich denke: Wenn es dich hier erwischen sollte – prost Mahlzeit. Kein Krankenwagen käme durch.

Nicht, dass ich um mein Leben fürchten würde. Ich fürchte um unsere Reise. Ich habe Angst, dass sie ein vorzeitiges, vielleicht sogar ein schlimmes Ende nehmen könnte, und davor will ich Carlos unbedingt bewahren. Diese Reise darf für ihn keine Enttäuschung werden; ihr Sinn und Zweck liegt ja nicht zuletzt darin, uns für die Zukunft mit guten Gefühlen und unvergesslichen Bildern zu versorgen. Wir wollen beide an etwas Großes und Schönes zurückdenken können, wir arbeiten sozusagen gerade an unserem gemeinsamen Erinnerungsschatz. Ich bin also nicht nur für den Verlauf der Reise und Carlos' Wohlbefinden in diesem Augenblick zuständig, ich fühle mich auch für die Art und Weise verantwortlich, in der wir uns später an unser ehrgeiziges Unternehmen erinnern werden. Und ganz abgesehen davon höre ich sie schon, die hämischen Kommentare: Das hätte ich euch gleich sagen können. Es musste ja so kommen. Sicher gut gemeint, aber von Anfang an zum Scheitern verurteilt. Ihr habt euch einfach übernommen ...

Zugegeben: Ich habe gerade den Kopf verloren – im Gegensatz zu Carlos, der wieder mal die Ruhe selbst ist. Schon vorher, die ganze Reise über, hat er mich moralisch unterstützt. »Du fährst sehr gut«, habe ich immer wieder zu hören bekommen. »Du fährst nicht zu schnell, du fährst auch nicht aggressiv, und wenn *ich* das sage, darfst du's glauben. Ich habe Ahnung vom Fahren.« So auch jetzt; Carlos bleibt entspannt, wie immer stellt sich ihm die Lage als vollkommen harmlos dar – »Kein Grund zur Aufregung. Ich habe schon Schlimmeres erlebt.« Mag sein. Ich nicht, und ich sitze am Steuer. Zum ersten Mal auf dieser Reise würde ich gern sagen: »Lös mich ab.«

Endlich kommt die Abzweigung nach Mailand. Jetzt geht es, weiterhin bei Dauerregen, bergauf, bergab, von Tunnel zu Tunnel, und jeden Tunnel sehne ich herbei, weil das Geprassel dann kurz aufhört und ich vorübergehend freie Sicht habe. Aber mittlerweile habe ich mich einigermaßen bekrabbelt. Die Panikattacke ist vorbei und ich atme erlöst auf, als die Abfahrt Mailand-Zentrum in Sicht kommt. Carlos schläft, als wir um Viertel vor acht unser Hotel erreichen und ich in die Tiefgarage fahre. Jetzt nur noch ausladen, mit Sack und Pack zur Rezeption, Fieber messen, Hände desinfizieren und x Formulare ausfüllen ... Keine Ahnung, was ich da alles unterschreibe. Wahrscheinlich habe ich gerade auf meine sämtlichen Rechte verzichtet, aber sie scheinen mir bei unserem Rezeptionisten in guten Händen zu sein, denn der ist ein äußerst sympathischer, hilfsbereiter Brite namens George, und dieser Mensch tut mir jetzt ausgesprochen gut.

Auf dem Zimmer angekommen, fallen wir beide vor Erschöpfung fast um. In einer solchen Verfassung noch mal in die Stadt und zu Abend essen? Auf keinen Fall.

DIENSTAG, 4. AUGUST: MAILAND – BREGENZ

Ich muss etwas nachtragen. Vor zwei Tagen in Monaco kam eine SMS von meinem Handy-Anbieter: »Ihr Datenroaming von 60 Gigabyte ist aufgebraucht. Wenn Sie es weiterhin in Anspruch nehmen möchten, drücken Sie ›Okay‹. Es werden dann aber erhebliche Kosten für Sie entstehen.« Ich drückte auf »Nein« und rief erbost meinen Handyladen in Emmerich an: »Was hat das zu bedeuten?«

»Ja, wie kann man denn sechzig Gigabyte aufbrauchen? Was hast du gemacht?«

»Ich nutze Google Maps«, erkläre ich.

»Weißt du, was das an Volumen zieht? Bis Deutschland solltest du keine mobilen Daten mehr nutzen, es sei denn, du legst auf eine Rechnung in fünfstelliger Höhe Wert.«

Aha. Ab jetzt also nur noch über WLAN. (Natürlich war ich hier digital nicht auf der Höhe meiner Altersgenossen. Später, wieder in Emmerich, wird es heißen: »Na ja, der Rentner färbt ab …«) So, und als ich gestern Abend ins Netz ging – Carlos schlief längst selig –, rauschten die Nachrichten nur so rein, unter anderem eine Mail von Holger, dem Redakteur von *Auto Bild*: »Morgen meldet sich ein Journalist der *Bild*-Zeitung bei euch. Er möchte ein Interview mit euch führen.« Die *Bild*-Zeitung? Junge, Junge. Aber okay. Warum nicht.

Beim Frühstück in unserem Mailänder Hotel haben wir zum ersten Mal das Gefühl, nicht willkommen zu sein. Die Kellnerinnen wirken regelrecht verärgert. Was erlauben die sich, scheinen sie zu denken. Was machen die in Zeiten von Corona hier? Wir verdrücken uns eilig, wollen vor der Weiterreise aber noch schnell ein Foto von Carlos vor dem berühmten Mailänder Dom schießen.

Ein wunderschöner Platz, und was für ein tolles Bauwerk! Außerdem überall Händler, die uns schon deshalb etwas andrehen wollen, weil Carlos in jedem von ihnen ein Opfer für seine spanischen Plaudergelüste wittert und sich für allen Schund aufgeschlossen zeigt. Also nichts wie weg, nach Bregenz am Bodensee. Das uns ursprünglich zu abgelegen erschienen war, das aber wegen der berühmt-berüchtigten Entführung aus dem Lazarett jetzt ins Programm aufgenommen wird.

Da ruft der Mann von der *Bild*-Zeitung an: »Herr Kroker, wir würden gern einen kurzen Artikel über Sie und Herrn Schulz bringen.« Er wirkt ganz begeistert. Ob ich ihm ein Foto von uns schicken könne? Aber natürlich, klar, wird gemacht, und nach unserem Telefonat geht's nun wirklich weiter, durch die Schweiz, über Lugano an Liechtenstein vorbei Richtung Bregenz. Traumhafte Landschaft. Ich war noch nie in der Schweiz und bin begeistert. Auch Carlos ist mit den Alpen zufrieden, möchte aber trotzdem nicht dort wohnen, bis wir einen Wasserfall erblicken. »Da kann man sich kostenlos duschen!« Der Pragmatiker hat gesprochen … Jedenfalls entspanntes Fahren und eine Wohltat nach dem Horrortrip des gestrigen Tages.

Nach dreihundertzwanzig Kilometern erreichen wir Bregenz. Mit dem Hotel haben wir's gut getroffen – ein Familienbetrieb, schöne Zimmer und zwei getrennte, breite Betten –, aber jetzt wollen wir erst mal raus, Eindrücke sammeln, denn die Stadt ist für Carlos bekanntlich von historischer Bedeutung und der Bodensee nur hundert Meter entfernt. (Der berühmte Anzug bleibt in Bregenz übrigens zum ersten Mal im Kofferraum.) Nach einem kleinen Spaziergang kehren wir aus Gründen, die mit Carlos' Hungergefühlen zu tun haben, in das Gasthaus gleich gegenüber vom Hotel ein.

Schon bei unserer Ankunft war es dort brechend voll. Auch jetzt sind alle Tische auf der Terrasse besetzt, aber drinnen ist noch Platz, und im nächsten Moment verstehen wir die Welt nicht mehr: Im Restaurant werden wir schief angeguckt, weil wir Masken tragen! Vor acht Stunden haben sie uns in Mailand beim Betreten des Frühstücksraums noch die Temperatur gemessen, aber hier in Bregenz sind Masken unerwünscht! Carlos ist erleichtert – endlich weg mit dem Ding.

Und sein Glück hält an, denn alles hier ist nach seinem Geschmack: das Augustiner-Bier, für das er sogar auf seinen Wein verzichtet, das Essen, die urige Gaststube und nicht zuletzt unsere Kellnerin Brigitte. Wir beschließen, gleich für den kommenden Abend zu reservieren, und erfahren zu unserem Leidwesen, dass Brigitte morgen ihren freien Tag hat. Schade, aber ein Abendspaziergang durch den wunderschönen Ort versöhnt uns mit diesem Schicksalsschlag, und während Carlos sich bettfertig macht, beginnt für mich die Büroarbeit.

»Morgen ist der *Bild*-Artikel online«, heißt es in einer E-Mail, und eine andere Mail überrascht mich mit der Anfrage, ob wir an einer Fernsehshow teilnehmen wollen. Wie bitte? Tatsächlich – ProSieben möchte uns für »Die schönste Geschichte Deutschlands« gewinnen. Na ja, schauen wir mal. Aber verblüfft bin ich schon, welche Formen die Sache annimmt.

MITTWOCH, 5. AUGUST: BREGENZ

Von heute an geht's rund, ab jetzt könnte ich eine Sekretärin gebrauchen. Der Medienwirbel der nächsten Tage und Wochen würde ein eigenes Buch füllen, ich werde daher vieles in Kurzform behandeln, zumal wir immer wieder die gleichen Fragen beantworten dürfen.

An diesem Morgen ist unsere kleine Reisewelt aber noch in Ordnung: Carlos kommt aus dem Badezimmer und beschwert sich über den Geschmack seiner Zahnpasta. Was ist passiert? Er hat das Schmerzgel für seine Hände (die bis heute von den Verbrennungen durch die Phosphorgranate gezeichnet sind) mit der Zahnpasta verwechselt, und als Nächstes wird wieder der Kamm gesucht. Schön, vor Zahnschmerzen wird er vorerst sicher sein, und was das Haarekämmen angeht – seine Frisur muss ihm von jeher ein Herzensanliegen gewesen sein, auch frühe Fotos bestätigen diese Vermutung: Auf allen ist er tadellos gekämmt, glatt rasiert und wie aus dem Ei gepellt. Unrasiert und ungekämmt würde er auch heute noch nicht aus dem Haus gehen; es besteht also nicht die Gefahr, dass er verwahrlost.

Aber jetzt geht's los. Heute sind wir in der *Bild*. Wir bekommen die Ausgabe online zugeschickt, und ich kann nur sagen: Mannomann! Das ist kein kleiner, unscheinbarer Artikel. Dann machen wir uns auf die Suche nach der *Auto Bild*, die ebenfalls einen Bericht über uns enthält. Wo kriegt man die? »In der Trafik.« Was ist denn eine Trafik? Ach so, ein Kiosk.

Da steht einer an der Uferpromenade. Ich schlage die Zeitschrift auf und platze vor Stolz. »Kennen Sie die beiden?«, frage ich die Verkäuferin übermütig.

Sie wirft einen Blick auf das Foto von uns und meint: »Sagt mir jetzt gar nichts.«

»Dann schauen Sie doch mal mich an. Und diesen alten Herrn da.«

Jetzt macht sie große Augen. »Wir haben hier Prominenz!«, ruft sie ihrer Kollegin zu. »Aber die zwei Euro vierzig muss ich Ihnen trotzdem abnehmen.«

Vor dem Ortsschild »Bregenz« schieße ich ein historisch bedeutsames Foto von Carlos: Nach fünfundsiebzig Jahren ist er wieder an dem Ort, wo seine Irrfahrt begann. Der Held dieser Geschichte kann jetzt nicht anders, als alles noch einmal zu erzählen, und zwar in aller Ausführlichkeit, seine Verwundung, seine Wanderung den Rhein runter und seinen Lazarettaufenthalt hier in der Stadt. Neu ist mir, dass er damals oft Freigang hatte und viel am Bodensee herumspaziert ist; man muss sich dieses Lazarett wohl eher wie ein Sanatorium vorstellen. Leider erweist sich der Schauplatz seiner Entführung als unauffindbar.

Um uns den Zeitungsartikel in Ruhe zu Gemüte zu führen, suchen wir ein Terrassencafé am Seeufer auf, und hier kommt es zu einer Szene, die viel über Carlos aussagt: Wegen Corona müssen wir am Eingang warten, bis man uns einen Tisch zuteilt. Als Mann der Tat aber will Carlos sich von solchen Albernheiten nicht aufhalten lassen, und dass sich jetzt eine Familie vordrängelt und auf eigene Faust einem freien Tisch zustrebt, ist für ihn das Zeichen, ebenfalls durchzustarten, nach dem Motto: Was die können, kann ich schon lange … Ich halte ihn mit Müh und Not zurück und bestehe darauf, die Corona-Regeln zu beachten, was für Carlos an Freiheitsberaubung grenzt – ein Mann lässt sich nicht dermaßen gängeln, der macht sich seine eigenen Regeln! Und so kommt es zum ersten heftigen Wortwechsel dieser Reise:

»Carlos, wenn du so weitermachst, fahren wir auf der Stelle nach Hause!«

»Gut, dann fahren wir eben!«

Es dauert tatsächlich eine ganze Weile, bis eine Kellnerin auftaucht, und schon schlägt seine Stimmung radikal um, was am Kaiserschmarrn und dem Artikel in der *Auto Bild* liegt.

Den Text kennen wir bereits aus der Online-Version, aber jetzt halten wir sozusagen das Original in Händen. Carlos überzeugt sich, dass es sich diesmal nicht um eine digitale Chimäre, sondern echtes, bedrucktes Papier handelt, erkennt sich auf dem Foto wieder – und erneut fließen die Tränen. Auch mir geht dieser Bericht nahe, aber für ihn wird er die letzte Bestätigung dafür sein, wie recht er gehabt hatte, auf diese Reise zu bestehen. Wenn er wüsste, dass dies erst der Anfang ist …

Die nächste Überraschung erleben wir nach unserer Rückkehr ins Hotel: An diesem Morgen hatte ich bei Instagram vierhundertfünfzig Abonnenten, jetzt sind es bereits doppelt so viele. Wildfremde Menschen kommentieren unsere Geschichte; das Echo auf den *Auto Bild*-Artikel ist wirklich überwältigend. Auch wenn Eitelkeit uns fremd ist, so was macht glücklich, also ab ins Gasthaus, ein bisschen feiern.

Wir lassen richtig auffahren. Carlos hat vom Bier genug, heute muss es wieder Wein sein, und dann blüht er richtig auf, als Brigitte, unsere Kellnerin von gestern, doch noch auftaucht. Holgers Artikel begeistert sie genauso wie uns, die gute Laune schlägt in Ausgelassenheit um, Brigitte drückt Carlos, Carlos drückt Brigitte, und dann stellt unsere Lieblingskellnerin sogar einen Besuch in Emmerich in Aussicht, woraufhin Carlos alle Zurückhaltung aufgibt:»Ich hab ein großes Haus mit sieben Zimmern, du kannst bleiben, so lang du willst.« Kurzum: Jubel und Freudentränen allerorten. Im Übrigen kann ich nicht mehr zählen, wie viele Leute entlang unserer Route Carlos schon nach Emmerich eingeladen hat oder gleich mitnehmen wollte. Hätten alle eingewilligt, wären wir längst mit einer Karawane unterwegs.

Wieder auf unserem Zimmer, stelle ich fest: eine weitere Anfrage von RTL ist eingetrudelt, außerdem Hunderte anderer Nachrichten. Unfassbar – in welchen Film sind wir geraten? Bis ein Uhr nachts schreibe ich Mails. Dieser 5. August ist jedenfalls der Wendepunkt unserer Reise. Bisher waren wir privat unterwegs, von nun an läuft unsere Tour unter »Medienereignis«.

DONNERSTAG, 6. AUGUST: BREGENZ – STUTTGART

Nein, wir wollen uns nicht verrückt machen lassen. Carlos hält den ganzen Medienwirbel sowieso für übertrieben. Andererseits scheint ihn dieser Wirbel auch nicht im Geringsten zu stören, jedenfalls entlockt ihm meine Frage, wie ihm der gestrige Tag gefallen habe, ein »Sehr gut«.

Aha, endlich geht er mal aus sich heraus, endlich vergibt er mal die Note Eins. Ich kann mir zwar nicht vorstellen, dass ihm Bregenz besser gefallen hat als Spanien, wo es nur zu einem »im Durchschnitt ganz gut«, also sagen wir: zu einer Drei minus gereicht hat, aber bei Carlos ist es eben so: Aus dem, was er sagt, wird man seltener schlau als aus seinem Verhalten, seiner Lebhaftigkeit zum Beispiel, seiner Gesprächigkeit, seiner ganzen Ausstrahlung.

Am Grenzübergang zu Deutschland werden wir noch

nicht einmal kontrolliert und nun fahren wir bei fantastischem Wetter am Bodensee entlang. Auf einem Rastplatz laufe ich gewohnheitsmäßig einmal um den Wagen und mich trifft der Schlag: Da hängt es wieder aus dem Auspuff, dieses Tier!

Ich rufe Otto an. »Otto, aus meinem Auspuff kommt Fell!« »Nein, das kann kein Fell sein.« Aber was, weiß er auch nicht.

Unterwegs, auf Landstraßen durch die Schwäbische Alb nach Stuttgart, telefoniere ich mit RTL, und wir verabreden uns für den kommenden Sonntag zu Dreharbeiten in Hamburg. Das war nicht geplant, Stuttgart sollte eigentlich unsere letzte Station sein, aber egal, kein Problem.

Kurzer Anruf bei Angelika: »Kurskorrektur! Es geht nach Hamburg!«, gefolgt von einem Telefonat mit meinem Vater, der mir mitteilt: »Der ADAC möchte dich sprechen.« Gut, also den ADAC angerufen, der uns nach Koblenz einlädt; offenbar bereut man da jetzt doch die Absage der *Motorwelt*. Carlos verschone ich einstweilen mit diesen Neuigkeiten; es fällt ja selbst mir nicht leicht, das geballte Medieninteresse zu verkraften.

In Stuttgart beziehen wir ein schönes, helles, sauberes, modernes Hotel mit großen Betten, und noch einmal meldet sich mein Vater: »Der WDR hätte euch gern in einer Live-Sendung.« Ach du Schande … Mit der Gemütlichkeit ist es definitiv vorbei. Carlos' Gedanken kreisen derweil um die Frage: Wo gehen wir heute Abend essen? Gut, das will natürlich auch erwogen sein.

Stuttgart gefällt uns. In dieser lauen Sommernacht ist auf den Straßen richtig was los. Hier sitzen Jugendliche mit einem Kasten Bier, dort wird Straßenmusik gemacht, und wir finden ein Terrassenrestaurant am Schlossplatz, rappelvoll –

man könnte meinen, in Spanien zu sein. Mein Abendessen besteht aus Maultaschen und Bier, Carlos genießt Fisch und Wein, staunt ansonsten über das Getriebe und wirkt glücklich. Damit geht der letzte Reisetag zu Ende, der ganz uns gehört hat.

FREITAG, 7. AUGUST:
STUTTGART

Bis heute haben wir dreitausendachthundertneunundzwanzig Kilometer zurückgelegt. Fünftausend waren geplant. Wie's jetzt aussieht, können es auch mehr werden; man weiß ja nicht, was noch kommt.

Nach einem Blick auf mein Handy teile ich Carlos beim Frühstück mit:»Das Bild von dir gestern Abend vor dem Stuttgarter Schloss haben schon anderthalbtausend Leute gesehen. Du bist der Held dieser Reise. Die Menschen scheinen dich zu mögen.« Er guckt verlegen, er will sich nichts anmerken lassen.

Anschließend wird er von mir dazu verdonnert, drei Stunden im Sessel auf unserem Zimmer auszuharren, während ich telefoniere. Mal habe ich den WDR an der Strippe, mal RTL, mal SAT1, mal die *Rheinische Post.*»Leute«, sage ich, »wir sind im Urlaub!« Trotzdem versuche ich, es allen recht zu machen. Mittags kommen wir endlich los, und jetzt geht's zu meinem Traumziel, das nicht in der Karibik liegt, sondern gleich um die Ecke und Mercedes-Benz-Museum heißt. Da will ich schon seit Langem hin, und heute ist es so weit.

Hm, habe ich mir größer vorgestellt. Aber natürlich kann es für mich auch nicht groß genug sein, und schon im Parkhaus wird meine Enttäuschung gelindert durch Vitrinen, in denen zum Beispiel ein hinreißend schönes 220 SE Coupé ausgestellt ist; angegebener Preis: fast siebenhunderttausend Euro. Also los. Carlos erhält einen Rollstuhl und dann bewegen wir uns etagenweise von oben nach unten. Für einen Autonarren wie ihn besitzt dieser Ort eine genauso magische Anziehungskraft wie für mich, und in den nächsten zwei Stunden kommt jeder auf seine Kosten: hier ein 540 K aus dem Jahr 1936, Inbegriff der Eleganz, da der Traumsportwagen der Nachkriegszeit, ein 300 SL von 1953, dort ein 500 SL der Baureihe 129 mit englischem Kennzeichen aus dem Besitz von Lady Di – alles großartige Autos und die meisten davon eine wahre Augenweide. Als wir vor einem 190 SL stehen, meint der Borgward-Liebhaber Carlos: »Davon hatte ich drei Stück.« Wie bitte? Davon wusste ich bisher nichts, aber zuzutrauen ist es ihm. Ich jedenfalls habe am Ende an diesem wunderbaren Ort nur eins auszusetzen. Was ich vermisse, ist ein Exemplar des Typs 230 Coupé der Baureihe 124, also mein Auto, der heimliche Held unserer Reise.

Na, schon gut.

Auf dem Weg zum Schlossplatz treffen erste Instagram-Kommentare ein, in denen es heißt: »Aus eurer Reise muss ein Buch gemacht werden …« Jetzt drehen sie durch, denke ich.

Später sitzen wir in einem Brauhaus und von diesem Abend stammt ein Foto, das meinen Reisegefährten im Zustand wunschlosen Glücks zeigt. Darauf ist ein verschmitzt lächelnder Carlos zu sehen, dem vielleicht gerade bewusst wird, dass sein hartnäckig verfolgter Plan einer Spazierfahrt durch Europa gerade auf ein Sommermärchen hinausläuft, an dem ganz Deutschland teilnimmt. Ich habe jedenfalls nicht zum ersten Mal den Verdacht, dass er dieses verblüffende Medieninteresse doch als Krönung begreift, trotz seiner abfälligen Bemerkungen über diesen »unbegreiflichen und überflüssigen Zirkus«.

SAMSTAG, 8. AUGUST: STUTTGART – GÖTTINGEN

Zwischen Stuttgart und Koblenz erstmals wieder deutscher Autobahnverkehr. Am Nachmittag empfangen uns zwei ADAC-Vertreter, dazu ein Fotograf mit seinem Sohn. Kaum bin ich ausgestiegen, macht mich einer von ihnen auf meinen Auspuff aufmerksam: »Was hängt denn da raus?« Mich trifft der Schlag – da ist es wieder, das Fell. Und dann dämmert es mir. Plötzlich weiß ich, was es mit diesem Spuk auf sich hat. Es muss Glaswolle sein, Glaswolle vom Schalldämpfer. Also Gott sei Dank kein Tier. Nichts Dramatisches. Ein Fall für Otto. Ein Wunder, dass der Wagen nicht längst röhrt wie ein Hirsch.

Ein gelber Käfer der ADAC-Straßenwacht von 1973 erwartet uns. Darin fahren wir, das gelbe Warnlicht eingeschaltet, durch Koblenz zum Deutschen Eck, wo uns ein Kamerateam filmt. Später geht es mit der Seilbahn auf die Festung Ehrenbreitstein, und wenn ich geglaubt habe, Carlos könnte was gegen Seilbahngondeln haben, sehe ich mich getäuscht: Der Mann ist ein alter Flieger, der kennt keine Höhenangst. Auch in der Gondel werden wir fotografiert, und dann schließt sich ein gemeinsames Essen in der Innenstadt an. Am besten hat mir aber dieser Käfer gefallen, ein Fahrzeug, das noch mal zwanzig Jahre mehr auf dem Buckel hat als mein Mercedes.

So, am morgigen Sonntag haben wir den RTL-Termin in Hamburg; wir müssen also noch Strecke machen. Gegen neunzehn Uhr brechen wir Richtung Göttingen auf und diesmal habe ich die Entfernung unterschätzt, es liegen weitere zweihundertfünfzig Kilometer vor uns. Ich könnte Gas geben, aber Carlos ist kein Freund des Rasens – mehr als hundertzwanzig Stundenkilometer gesteht er mir nicht zu. Zum Glück schläft er die meiste Zeit, sodass die Tachonadel auch mal hundertvierzig anzeigen darf.

Ankunft in Göttingen um Viertel nach zehn. Wir sind nach diesem warmen Sommertag schweißgebadet und groggy, außerdem dröhnt mir der Kopf. Das Abendessen fällt aus, wir sinken nur noch in die Betten.

SONNTAG, 9. AUGUST: GÖTTINGEN – HAMBURG

Mit RTL habe ich vereinbart: Treffen um vierzehn Uhr vor dem Hotel. Unterwegs mache ich Carlos mit dem, was uns bevorsteht, vertraut: »Tu einfach, als wäre die Kamera gar nicht da. Verhalte dich so wie immer.« Und das macht er dann auch. Sie filmen unsere Ankunft vor dem Hotel, Carlos steigt aus, schaut in die Kamera und sagt: »*Buenos dias, señores!*«

An der Hotelrezeption heißt es rätselhafterweise: »Wir wissen auch schon wegen morgen früh Bescheid.« Was soll das heißen? Sie werden sich vertan haben, denke ich, wir drehen doch schon heute.

Nun ja, das stimmt auch. Und während wir auf der anderen Elbseite unsere Interviews geben, die Elbphilharmonie im Rücken, geht mir durch den Kopf, dass wir vor siebzehn Tagen als anonyme Nobodys losgefahren sind und jetzt als Prominenz zurückkommen.

Anschließend geht's in den Elbtunnel, wo weitergedreht wird und uns ein junges Mädchen mit ihrer Mutter entgegenkommt. Offenbar hält uns die Tochter für Stars, jedenfalls läuft sie auf mich zu und bittet um die Erlaubnis, uns zu fotografieren.

Ich: »Na klar. Carlos, komm mal her!«

Sie: »Mutti, willst du auch drauf?«

Nein, Mutti will nicht. Hinterher rät ihr unser Redakteur, das Foto nur ja gut aufzubewahren, weil es irgendwann Gold wert sein könnte, und Carlos meint: »Sag mal, Torben, haben wir hinten nicht noch einen Platz für die junge Dame frei?«

Die letzten Bilder entstehen in der Speicherstadt, und dann verabschiedet sich der Redakteur mit den Worten: »Also, bis morgen früh.«

»Moment mal ...«

»Ja, heute war nur der Vordreh. Morgen gehen wir mit euch auf Sendung.«

»Wann denn? Wo denn?«

»Auf dem Fischmarkt. So um halb sieben.«

Ach was. Puh. Na schön.

»Sind wir fertig?«, will Carlos wissen.

»Mit dem ersten Pressetermin schon«, sage ich. »Aber jetzt kommt der zweite.«

Und zwar mit Holger von *Auto Bild*. Also wieder auf die andere Elbseite, wieder die Elbphilharmonie im Rücken, aber diesmal Fotoshooting für den Nach-Reise-Bericht. Anschließend Abendessen mit Holger bei seinem bevorzugten Franzosen und zwischen den Gängen das Interview.

Alles in allem: ein toller Tag. Die Zahl meiner Abonnenten

bei Instagram schnellt auf zweitausend hoch. Zeit, sich schlafen zu legen. Der Wecker steht auf Viertel vor fünf. Und jetzt, da wir beide schlummern, nutze ich die Gelegenheit zu einer kurzen Zwischenbilanz.

Bisher hat Carlos den Medienrummel mitgemacht, hat nicht protestiert, nicht gegrollt, nicht geschwächelt. Ich war der Vorsichtige, der Bremser, und er derjenige, der von Rücksicht nichts wissen wollte, der Antreiber:»Wegen mir können wir weitermachen. Kannst *du* etwa nicht mehr?« Unverwüstlich, dieser Mensch.

Ansonsten die immer gleichen Interviewfragen: Wo wart ihr? Wo war es am schönsten? Und natürlich kommt jedes Mal mein Verhältnis zu Carlos zur Sprache:»Nein, er ist nicht mein Opa. Er ist ein hochbetagter Freund.« Wichtig auch zu betonen, dass unsere Reise seine Idee war; nicht, dass es hinterher heißt: Dieser Jüngling setzt das Leben eines alten Mannes aufs Spiel! Dieser verantwortungslose Spinner fährt mit einem Risikopatienten durch Coronakrisenländer! Andererseits glaube ich, dass uns viele regelrecht dankbar dafür sind, dass wir uns ausgerechnet in dieser brisanten Zeit auf den Weg gemacht haben – endlich mal eine garantiert coronafreie, einfach nur schöne Geschichte.

MONTAG, 10. AUGUST: HAMBURG

Der Wecker klingelt. Schnell duschen, dann Carlos wecken. Ich suche ihm was Schickes aus, ein blaues Hemd mit großem Kragen und seine beste Hose. Gegen halb sechs kündigt sich der Sonnenaufgang an.

»Bist du aufgeregt?«

»Mich kann nichts aufregen.«

Wir fahren zum Fischmarkt. Kameramann, Tonmann und Moderator erwarten uns; sie stellen sich eine Picknickszene vor – daher also das Lunchpaket, das man uns an der Hotelrezeption überreicht hat.

Gut, wir platzieren unser Auto und Carlos' Campingstuhl so, dass man glauben könnte, wir hätten unsere Fahrt soeben für eine kleine Zwischenmahlzeit am Straßenrand unterbrochen, das Wetter spielt auch mit, in fünfzig Sekunden soll's losgehen, da fragt Carlos:

»Was ist hier eigentlich los?«

»Wir sind jetzt gleich im Fernsehen«, sage ich.

»Und wo ist die Kamera?«

»Da vorn.«

»Und was macht der da?« Carlos zeigt auf den Moderator.

»Der interviewt uns gleich.«

»Dann ist ja alles gut.«

Zwei Minuten haben wir für unseren ersten großen Fernsehauftritt. Das Zeichen erfolgt, die Kamera läuft, Carlos kommt auf den Krieg zu sprechen, lässt sich aber wieder einfangen, gemeinsam geben wir ein paar Erinnerungen an Orte wie Eibar und San Sebastián zum Besten, und schon ist die Zeit um. Das ging schnell, ist uns allerdings auch recht, weil wir jetzt endlich in unseren Urlaubsmodus zurückschalten und uns Hamburg anschauen können.

Carlos ist vom Wasser und von den Schiffen begeistert; er war schon lange nicht mehr hier und wittert wahrscheinlich den Duft der großen, weiten Welt. Als wir an den Landungsbrücken eine Treppe hinuntergehen, höre ich eine Frauenstimme: »Entschuldigen Sie!« Ich drehe mich um.

»Waren Sie das eben im Fernsehen?«

»Ja.«

»Neiiiin! Bernhard! Komm doch mal!« Bernhard kommt und wir werden fotografiert. Carlos ist irritiert, fühlt sich aber offenbar auch geschmeichelt. Ähnliches passiert uns an diesem Tag noch zwei weitere Male und seither bete ich, niemals berühmt zu werden. Anonymität ist etwas Wunderbares. Ich bleibe jedenfalls in der Öffentlichkeit lieber unerkannt.

Ich hatte die Herren von RTL gefragt, wo man in Hamburg gut essen könne. Im portugiesischen Viertel, lautete die Antwort. Als wir abends dorthin fahren, sind alle Parkplätze vergeben – aber am Michel, sagt man uns, gebe es ein hübsches, uriges Lokal. Unter der angegebenen Adresse ist zunächst außer einem Tor und einem Durchgang nichts zu sehen, aber hinten, am Ende des Gangs, im letzten Winkel, finden wir das verheißene Wirtshaus und sind hochzufrieden. Abgesehen von dem leckeren Fisch für uns beide – so etwas gefällt Carlos, solche alten, volkstümlichen, rustikalen, gemütlichen Kneipen ohne Remmidemmi und Firlefanz. Bloß kein Nobelschuppen, bloß keine weißen Tischdecken und Stoffservietten!

DIENSTAG, 11. AUGUST: HAMBURG – BREMEN

Auf unserem Rundgang durch Hamburg gestern ist mir gerade noch rechtzeitig die Idee gekommen, auch Bremerhaven … anzulaufen, hätte ich fast gesagt. Die Stadt setzt ja den Schlusspunkt hinter Carlos' abenteuerliche Nachkriegszeit, hier betritt er nach sechs Jahren und einer fünftägigen Schiffsreise erstmals wieder deutschen Boden – warum also unsere Reise in seine Vergangenheit nicht mit Bremerhaven sozusagen offiziell beschließen?

Noch beim Frühstück trifft die nächste Interviewanfrage ein. Aber wir sind nicht auf Tournee, wir sind nach wie vor auf großer Fahrt, wir wollen diesen vorletzten Tag genauso auskosten wie alle vorangegangenen und schaffen das auch: Am linken Elbufer geht's bei traumhaftem Wetter durchs Alte Land, und beide sind wir mal wieder hellauf begeistert. Dass es so etwas Schönes bei uns in Deutschland gibt! Wir erlauben uns, zu trödeln, anzuhalten, in einem Dorf mit dem einprägsamen Namen Hollern-Twielenfleth Matjesbrötchen zu essen, dabei dem Schiffsverkehr auf dem Fluss zuzusehen, und brauchen auf diese Art drei Stunden bis Bremerhaven.

Für Carlos ist Unterwegssein ja sowieso wichtiger als Ankommen. Für ihn besteht eine Reise eben nicht aus den Zielorten, sondern aus den Strecken dazwischen und den Entdeckungen am Wegesrand. Er kann dem Unscheinbaren mehr abgewinnen als dem Spektakulären, dem Zufälligen mehr als dem Geplanten, Gewollten. Er reist, wie er gelebt hat, ins Blaue hinein und mit der Gewissheit, das Schicksal auf seiner Seite zu haben – und ich habe mich mit diesem Konzept auch längst angefreundet. Hamburg war nicht vorgesehen, an Bremerhaven haben wir bis gestern keinen Gedanken verschwendet, das Alte Land war mir bis vor wenigen Stunden kein Begriff – aber was soll's! Dass wir Eingebungen folgen und Gelegenheiten ergreifen, erscheint mir schon fast selbstverständlich.

Bei unserem Rundgang durch Bremerhaven ist Carlos außerordentlich gesprächig und erzählt von seiner Ankunft damals: Nur mit einer kleinen Tasche als Gepäck sei er von Bord gegangen, froh, in Kürze seine Eltern wiederzusehen, dankbar für die Zigaretten, die Schokolade, den Zehnmarkschein und die Zugfahrkarte vom Roten Kreuz, aber unangenehm überrascht von der eisigen Kälte, die an jenem Dezembertag 1950 geherrscht habe …

Und damit haben wir alles erreicht. Noch ist diese Reise nicht zu Ende, doch am Ziel sind wir hier, im Hafengebiet von Bremerhaven. Carlos ist mit mir nach Deutschland zurückgekehrt und ich mit ihm.

Die Weiterfahrt nach Bremen verschläft er. Selbst den Höhepunkt des Tages – jedes Tages –, das Abendessen, schafft er nur noch mit letzter Kraft, und hinterher sinkt er völlig erschöpft ins Bett.

MITTWOCH, 12. AUGUST: BREMEN – KÖLN

Dialog gestern Abend im Restaurant. »Ich trink heut mal ein Kölsch«, kündigt Carlos an. Ich mache ihn darauf aufmerksam, dass wir uns in Bremen befinden. Als der Kellner kommt, bestellt er trotzdem ein Kölsch.

»Haben wir in Bremen nicht.«

Gewieft, wie er ist, bestellt Carlos das Bremer Gegenstück zu Kölsch und erhält ein Beck's. Irgendwie dreht er's immer so, dass er doch seinen Willen bekommt, auch wenn das Ergebnis dann völlig anders aussieht. Interessante Strategie.

An diesem Morgen sollen wir für 1Live Kurzvideos von uns drehen, kein Take länger als fünfzehn Sekunden. Das findet Carlos amüsant und macht gut mit: »Ich bin Karl-Heinz

Schulz. Ich bin dreiundneunzig Jahre alt und mit einem Bekannten von mir quer durch Europa gejagt.«

Gejagt? Na ja, stimmt irgendwie. Auf meine Frage, wo er's am schönsten fand, antwortet er: »Kann man gar nicht sagen. Überall war's schön.«

So, die Clips sind im Kasten, und jetzt jagen wir weiter, nach Süden. Von Autobahnverbot ist natürlich schon seit Tagen keine Rede mehr. Am frühen Nachmittag in Dortmund ziehen wir die Dreharbeiten für SAT1 professionell durch, alles muss schnell gehen, kurze Fragen, kurze Antworten, denn der Beitrag des Landesstudios NRW soll um achtzehn Uhr bereits gesendet werden.

Am späten Nachmittag erreichen wir dann Köln, wo wir morgen mit RTL verabredet sind, und beziehen das Hotelzimmer. Rechtzeitig, bevor Carlos unleidlich werden kann, sitzen wir im Brauhaus Malzmühle bei Himmel un Ääd (Kartoffelpüree, Apfelmus, gebratene Blutwurst), und jetzt kommt er doch noch zu seinem Kölsch. Der Zufall will es, dass unser Köbes (Kellner) drei Jahre lang in Emmerich gearbeitet hat; die Heimatstadt wirft ihre Schatten voraus. Da hilft nun leider nichts, auch kein Kölsch: Wir müssen uns der bitteren Wahrheit stellen, dass morgen der allerletzte Reisetag anbricht, und Carlos ist Wehmut anzumerken.

Als wir die Malzmühle verlassen, schüttet es wie aus Eimern. Klatschnass erreichen wir unser Hotel, trocknen uns ab und verkriechen uns unverzüglich in unsere Betten.

DONNERSTAG, 13. AUGUST:
KÖLN – EMMERICH

Carlos wacht mit unguten Gefühlen auf.

»Fahren wir heute nach Hause?«, fragt er.

»Ja.«

»Jetzt schon?«

»Hm … ja.«

Er beschlagnahmt für unbestimmte Zeit das Bad, während ich 1Live am Telefon ein Interview gebe. Anschließend wird kurz gefrühstückt, und um elf Uhr treffen wir uns mit dem Kamerateam von RTL. Erneutes Interview, bei dem ich dasselbe wie immer erzähle, nur dass es mir so vorkommt, als würde meine Geschichte von Mal zu Mal unglaublicher, geradezu fantastisch. Für die Interviewer ist natürlich das Unglaublichste unser Altersunterschied. Ob da nicht Welten aufeinanderprallen, will man auch diesmal wieder wissen, und ich sage: »Ja, schon, aber diese beiden Welten können erstaunlich gut miteinander, die vertragen sich, die verstehen sich. Diese beiden Welten finden es sogar schön, gemeinsam zu verreisen …«

Dann werden kleine Actionkameras in meinem Auto installiert und die Dreharbeiten auf der Autobahn von Köln nach Düsseldorf fortgesetzt, während der Fahrt, wir in meinem Wagen, die Fernsehleute in ihrem Teamwagen. Ich schleiche mit achtzig Stundenkilometern über die rechte Spur, während das Kamerateam auf der Überholspur mit uns Schritt hält, was natürlich alles aufhält, was hinter uns fährt, und wütende Reaktionen auslöst. Andererseits: Sooft ich schon in Düsseldorf war, noch nie bin ich dabei von einem Fernsehteam begleitet worden; man könnte sich dran gewöhnen. Am Carlsplatz halten wir an, steigen aus, und nun folgt die berühmte Szene, wie Carlos bei seinem Lieblingsbäcker sein Lieblingsbrot kauft. Anschließend geben wir auf der anderen Rheinseite in Oberkassel ein letztes Interview.

So, das war's für heute. Jedenfalls, was Filmaufnahmen betrifft, denn in der Presse geht es munter weiter: Der *Stern* und *Bild der Frau* bringen am heutigen Tag Artikel über uns, und es werden nicht die letzten sein.

Und jetzt? Nach drei Wochen auf französischen, spanischen, italienischen und österreichischen Straßen wieder in Düsseldorf zu sein, das ist, wie aus einem Traum zu erwachen. Es ist vorbei. Wir haben's geschafft. Wir können es noch gar nicht glauben. Wahrscheinlich werden mir die Worte fehlen, wenn wir uns gleich mit dem Rest meiner Familie in einem von Carlos' Düsseldorfer Stammrestaurants treffen.

Wir kommen vor meinen Eltern dort an, und Carlos nimmt wie üblich jeden vom Personal in den Arm, ihm ist egal, welches Virus gerade sein Unwesen treibt. Großes Hallo, schon geht es mit dem Erzählen los, der Suche nach Worten, die mehr sagen als bloß, dass es »schön« gewesen sei, und dann stoßen auch meine Eltern und mein Bruder dazu.

Irgendwie ist mit dieser Reise für mich und meine Familie eine neue Zeit angebrochen. Natürlich sagen wir einander jetzt erst mal, was man sich in solchen Situationen immer sagt: Wie froh wir sind, dass die Reise so glatt und gut verlaufen ist, und wie froh sie sind, uns beide gesund und munter zurückzuhaben. Aber es war eben keine gewöhnliche Reise, kein Teneriffa-Strandurlaub und keine Mittelmeer-Kreuzfahrt, vom triumphalen Ende ganz zu schweigen, und deshalb werden beim gemeinsamen Abendessen auch andere Töne angeschlagen.

»Wir sind stolz auf dich«, sagen meine Eltern. »Ganz schön

mutig, dass du diese große Verantwortung übernommen und dann auch bewiesen hast, dass du sie tragen kannst.« Und schließlich sagen sie noch: »Egal, welche Wellen eure Reise geschlagen hat, wie viel über euch beide jetzt geschrieben und geredet wird: Du bist unser Sohn, du bleibst unser Sohn, zwischen deinen Eltern und dir wird sich nie etwas ändern.«

Stunden später stehe ich mit Carlos vor seiner Haustür in Emmerich, die Koffer in der Hand. In dieser Nacht haben wir es hinter uns: zweiundzwanzig Tage, neun Länder, fünftausendvierhunderteinundsiebzig Kilometer. Ich gehe noch mit ihm rein, helfe ihm beim Auspacken, und dann kommt der Moment, in dem es heißt: »Bis morgen.« Ein komisches Gefühl. Ich habe mich daran gewöhnt, ihn vierundzwanzig Stunden am Tag um mich zu haben.

NACHLESE

Jetzt fängt wieder der Alltag an, dachte ich, als ich am nächsten Morgen in unserem Haus in unserer Siedlung in Emmerich erwachte. Die mediale Aufmerksamkeit wird abflauen, das normale Leben weitergehen. Denkste. Es folgten Live-Auftritte im WDR- und NDR-Fernsehen, es gab eine Doppelseite in *Bild am Sonntag*, und ein Privatsender drückte unserer Reise den Stempel »Die schönste Geschichte Deutschlands« auf.

Und Carlos war bei alldem in seinem Element. Die Scheinwerfer, die Kameras, die Studioatmosphäre, Moderatoren und andere Talkgäste, nichts konnte ihn aus der Ruhe bringen. Wie oft ist dieser Mann mit seinen Gedanken woanders, aber im Fernsehstudio war er jedes Mal vollkommen auf der Höhe, so klar wie selten, und haute Sätze raus wie diesen: »Der Torben hat sich auch gefreut, dass er mal rauskam.« Oder: »Ich habe es nicht bereut, ich würde es jederzeit wieder tun.«

Einmal wollte ein Moderator von mir wissen, ob es unterwegs zu Reibereien, zu unerwarteten Problemen gekommen sei, und bevor ich etwas Falsches sagen konnte, fuhr Carlos dazwischen: »Hat alles hundertprozentig geklappt!« Womit er die Lacher auf seiner Seite hatte. Und auch auf die Frage – nun wieder an ihn gerichtet –, wie ein Mensch so lange so unternehmungslustig bleiben könne wie er, war Carlos nicht um eine spontane Antwort verlegen: »Das liegt an einem selbst. Die einen wollen nix erleben, die wollen alles geliefert kriegen, und die anderen sagen: Ich mach alles selbst. Und dadurch entsteht der Wunsch: Ich will noch da und da hin und dieses und jenes sehen.«

Alles selber machen, ja, so ist er, Arbeiter und Unternehmer in einer Person. So wie er mir stets mit einem Heurechen bewaffnet beim Rasenmähen geholfen hat, trotz seines Alters, so hat er mir während der Reise jeden Abend geholfen, das Gepäck ins Hotel zu schaffen, selbst bei größter Hitze. Natürlich darf man seine Eigenwilligkeit nicht unterschätzen, und seine Unerschütterlichkeit hat mich manchmal fast in den Wahnsinn getrieben. Ich hatte Sorge, nicht pünktlich anzukommen, das Essen war nicht nach meinem Geschmack, es war unerträglich heiß – und Carlos? »Alles kein Grund zur Aufregung. Wir sind in Frankreich, wir sind im Urlaub, was willst du noch?« Zum Verrücktwerden.

Wir haben uns nie in die Wolle gekriegt. Und auch nicht gelangweilt. Ich hab das Reisen im Blut. Reisen war immer mein Ein und Alles.

Ja, stimmt. Trotzdem gab es Reibungspunkte; wie auch nicht. Aber wenn mich diese drei Wochen etwas gelehrt haben, dann Folgendes: Man reist nicht, um Sehenswürdigkeiten abzuklappern, auch nicht unbedingt zur Erholung, sondern um Erfahrungen zu machen. Und Erfahrungen habe ich gemacht.

Bevor es losging, habe ich mal dagesessen und gerechnet: Drei Wochen Reisezeit, wie viele Stunden sind das? Eine Woche hat sieben mal vierundzwanzig Stunden, macht hundertachtundsechzig, bei drei Wochen kommen wir also auf insgesamt fünfhundertvier Stunden. Fünfhundertvier Stunden am Stück mit einem Dreiundneunzigjährigen verbringen? Dazu die Bemerkung von einem meiner Kumpel im Ohr: »Bist du jetzt in die Altenpflege gegangen?« Also fragte ich mich: Wie soll das werden, hältst du das aus?

Hier die erste Erfahrung: Ohne Humor bist du aufgeschmissen. Einerseits hatte ich natürlich Glück. Carlos ist immer noch sehr selbstständig, ich musste nie mit dem Waschlappen kommen und ihn einseifen. Ihm mal die Duschregler erklären, das Shampoo anreichen, ein bisschen Fußpflege, damit hatte sich die Altenpflege für mich auch schon. Nichtsdestoweniger habe ich auf unserer Reise manches Mal gedacht: Es wäre schön, zwischendurch einen Gesprächspartner zu haben, der etwas realitätsverbundener ist, mehr mitkriegt, euphorischer reagiert, der nicht ständig in seiner Vergangenheit lebt und oft gar keinen Bezug mehr zur Wirklichkeit hat, den auch erstaunlich vieles kaltlässt. Ich fand es schade, dass er sich abends oft schon nicht mehr an das erinnerte, was wir morgens erlebt hatten, und mir kam der bedrückende Gedanke: Ist diese Reise womöglich umsonst? Hätten wir uns die ganze Sache sparen können? Und dann ist es nicht unbedingt lustig, dieselben Geschichten immer und immer wieder zu hören. Mit anderen Worten: Entweder hat man sowieso ein dickes Fell, oder man hat Humor, das heißt, man lächelt seine eigene Gereiztheit und seine Befürchtungen innerlich einfach weg.

Und jetzt Erfahrung Nummer zwei: Andere Menschen sind anders. Klar prallen bei dreiundsiebzig Jahren Altersunterschied zwei Welten aufeinander, aber nun alles, was einen am anderen stört oder einem auffällt, auf den Altersunterschied zu schieben, wäre das Dümmste, was man machen könnte. Carlos war schon immer anders als ich! Er war schon immer ein eigenwilliger Charakter, und was seine Realitätsverbundenheit angeht: Ihm ging und geht es beim Reisen bis heute vor allem um die Lebensweise des Unterwegsseins, weniger um außergewöhnliche Erlebnisse oder unvergessliche Eindrücke. Carlos ist ein Nomade. Dass er trotzdem viel mehr mitbekommt, als ich dachte, hat er hinterher, etwa bei Interviews oder in Talkshows, bewiesen: Was hat er da von unserem schönen Hotel auf dem Berg über Eibar im Baskenland geschwärmt, von dem freundlichen Roberto und seinem nicht minder freundlichen Hund, »meinem neuen Freund«, wie er ihn seither nennt! Und schließlich: Mit welch offensichtlicher Freude denkt Carlos an unsere Reise zurück! Nein, sie war nicht umsonst.

Ich musste immer die Welt sehen. Das hab ich dir beigebracht. Durch mich bist du doch erst in die Fremde gekommen. Zuerst wolltest du nicht so richtig, weil du von zu Hause gewohnt bist, bemuttert zu werden. Aber für mich gab es immer nur weg, weg, weg.

Genau. Und damit zur dritten Erfahrung: Wer im Konjunktiv denkt, bleibt im Konjunktiv stecken. Was wäre, wenn …? Hätte ich mich allein von dieser Frage leiten lassen, wäre ich nicht gefahren. So aber habe ich herausgefunden, dass ich abenteuerlustiger bin, als ich dachte. Carlos hat mich regelrecht angesteckt. Ihm ist die Reiselust in keinem Augenblick vergangen, mir auch nicht – wieder was über mich gelernt. Aber natürlich hat es mir auch gefallen, ein bisschen Aufsehen zu erregen. Es haben sich ja unterwegs viele über dieses seltsame Pärchen gewundert, das da aus dem Auto stieg oder es sich am Strand gemütlich machte. Ob es Roberto in Eibar war, die Rezeptionistin in San Sebastián, die Männer in der dortigen Altstadtbar oder Brigitte in Bregenz: Viele fanden die Konstellation blutjung/steinalt aufsehenerregend. Stimmt ja, auch wenn sie für uns beide Alltag ist, eingespielt und vertraut. Das mag vor allem junge Leute verblüffen, die nur an ihresgleichen und ihrer Altersgruppe interessiert sind, und vielleicht öffnet unsere Reise dem einen oder anderen die Augen dafür, dass alte Menschen nicht nur alt sind.

Und deswegen zum Schluss ein Geständnis: Ich bin von Carlos begeistert. Er gibt nie auf. Kapitulation kommt für ihn nicht infrage. Am letzten Reisetag sagte er: »Wie, schon zu

Ende?«, und fast immer war er ein angenehmer, unterhaltsamer Beifahrer, mein Entertainer. Dass er für Zuhörer sowieso stets dankbar ist, brauche ich nicht mehr eigens zu erwähnen, aber Carlos ist überhaupt ein dankbarer Mensch, darüber hinaus anspruchslos, anpassungsfähig und grundzufrieden, der ideale Reisegefährte. Ob bei dreißig Grad eine steile Treppe zum Hotel zu erklimmen war, ob am Strand laute Musik lief, es störte ihn nicht – er ging ganz in unserer Reise auf, die äußeren Umstände waren ihm egal.

Vor allem aber: Nicht nur ich habe mich auf Carlos, er hat sich auch auf mich eingelassen. Hat sich neben einen Fahranfänger gesetzt, hat mir drei Wochen lang das Steuer überlassen, hat mir zugetraut, dass ich die ganze Organisation bewältige, mit dem Verkehr in Marseille fertigwerde und ihn heil nach Emmerich zurückbringe. Klar, er nimmt das Leben sowieso auf die leichte Schulter, aber finde mal einen in seinem Alter, der sagt: Komm, wir fahren einfach drauflos und gucken, was dabei herauskommt.

Dieser Unbekümmertheit verdanke ich, dass ich mit meinen zwanzig Jahren die Gelegenheit bekommen habe, auf den Lebensspuren eines Menschen zu reisen, der dreiundsiebzig Jahre vor mir geboren ist und die ganze Zeit wirklich und wahrhaftig neben mir saß. Ich habe dabei Erfahrungen gemacht und Dinge erlebt, die nur mit Carlos und dank Carlos möglich waren, und ich kann sagen: Diese Reise hat mich geprägt. Sie hat mich verwandelt und geprägt.

Das beruht auf Gegenseitigkeit. Wir sind gut miteinander zurechtgekommen. Du hast nicht gemeckert, ich hab nicht gemeckert.

Du hättest auch nichts zu meckern haben dürfen, mein lieber Carlos …

DANKSAGUNG

Ich möchte meiner Familie und ganz besonders meinen Eltern dafür danken, dass sie mir jederzeit den Rücken gestärkt und mir die Entscheidung für die Reise mit Carlos erleichtert haben. Wir haben auch allen Grund, Otto Bartlitz für seinen Einsatz zu danken, der ja nicht nur meinem 124er galt, sondern ebenso unserer persönlichen Sicherheit. Angelika Faber danken wir dafür, dass an zweiundzwanzig Reisetagen jeden Abend für eine Unterkunft gesorgt war, und Holger Karkheck für seine Begeisterung, die sich in großartigen Berichten über unsere Tour niedergeschlagen hat. Nicole Seeger-Wassong vom ADAC schließlich verdient unseren Dank dafür, dass sie als Erste hinter unserem Projekt mehr als eine »gewöhnliche Spazierfahrt« gewittert und uns die Tipps geliefert hat, die den Stein ins Rollen brachten. Auch dieses Buch verdankt sich letztlich ihr.